V. V. (Vasiliĭ Vasilʹevich) Radlov

Das Schamanentum und sein Kultus

Eine Untersuchung

V. V. (Vasiliĭ Vasilʹevich) Radlov

Das Schamanentum und sein Kultus
Eine Untersuchung

ISBN/EAN: 9783744606912

Hergestellt in Europa, USA, Kanada, Australien, Japan

Cover: Foto ©ninafisch / pixelio.de

Weitere Bücher finden Sie auf **www.hansebooks.com**

Das
Schamanenthum und sein Kultus.

Eine Untersuchung

von

Dr. Wilhelm Radloff

K. Russ. Staatsrath und Mitglied der K. Russ. Akademie der
Wissenschaften zu St. Petersburg.

Sonderabdruck

aus:

„Aus Sibirien. Lose Blätter aus dem Tagebuche
eines reisenden Linguisten."

Leipzig
T. O. Weigel.
1885.

Das Schamanenthum und sein Kultus.

Verbreitung des Schamanenthums unter den Türk-Völkern. — Die Weltanschauung der Schamanenbekenner des eigentlichen Altai. — Der Schamanenkultus. — Die Spuren des Schamanenthums bei den Kirgisen und anderen Türk-Stämmen.

Alle Völker des nördlichen Asiens, die zu den östlichen Zweigen der ural-altaischen Völker-Familie gehören, d. h. alle tungusischen, mongolischen und türkischen Stämme, waren früher Anhänger des Schamanenthums. Jetzt ist dieser Schamanenkultus nur noch bei den Tungusen allgemein verbreitet, deren sämmtliche Stämme mit Ausnahme der Mandschu, die sich jetzt zur chinesischen Staatsreligion und dem Buddhismus bekennen, ohne Ausnahme Schamanenanhänger sind. Die Mongolen sind durch tibetanischen Einfluss jetzt fast alle eifrige Buddhisten, nur bei den an dem Baikal-See wohnenden Buräten ist der Schamanismus noch allgemein verbreitet; ob bei den Mongolen, den Gobi, noch Spuren des Schamanismus vorkommen, weis ich nicht anzugeben. Die Türken endlich, die am frühesten von allen drei genannten Gruppen Hochasien verlassen haben, sind seit vielen Jahrhunderten dem Einfluss des Islams erlegen und mit Ausnahme der Bewohner des Altai und des Sojonischen Gebirges sehr eifrige Mohammedaner. Nur ein sehr kleiner Theil der in Russland und Sibirien wohnenden Türk-Stämme ist zum Christenthum übergetreten und ganz allein ein Theil der Sojonen in der westlichen Mongolei bekennt sich zum Buddhismus. Den alten Schamanenglauben sehen wir daher nur bei denjenigen Stämmen erhalten, die bei den Zügen der Türken nach Westen und Süden in den fruchtbaren Thälern des östlichen Theiles der grossen altaischen Bergkette getrennt von ihren weiterziehenden Nachbarn zurückblieben. Auf diese zurückgebliebenen Stämme haben jezt schon die benachbarten Völker einen grossen Einfluss gewonnen, so dass das Schamanenthum von Osten her durch den Buddhismus, von Norden und Westen aus durch das Christenthum eingeengt wird. Da alle Abakan-Tataren officiell als getauft aufgeführt werden und auch viele Sojonen Buddhisten geworden sind, so sind es nur noch die altaischen Bergkalmücken, die Teleuten, die Schwarzwald-Tataren und die Schoren, die zum grössten Theil sich offen zum Schamanismus bekennen. Ein Theil der sibirischen Tataren ist erst im letzten Jahrhundert auf russischem Gebiete dem Einflusse der Mohammedaner erlegen. Dies sind die Baraba-Tataren, die Tara-Tataren (Kurdak) und die sogenannten Tomsker Teleuten.

Bevor ich den Beschwörungskultus der Schamanen schildere, will ich versuchen, die Weltanschauung des Schamanenthums darzulegen. Diese Aufgabe ist eine sehr schwierige, sobald man sich daran macht, ein Gesammtbild zu entwerfen, weil das Ganze aus widersprechenden Einzelnachrichten gewonnen werden muss. Hierbei werden wir bei der Erforschung des Schamanismus durch keine Spur von schriftlichen Dokumenten unterstützt. Um wie viel schwieriger muss also hier die Zusammenstellung eines Gesammtbildes sein, wenn es schon schwer ist, schriftlich überlieferte Mythen, z. B. des griechischen Alterthums, zu einem Ganzen zu vereinigen. Dabei hat das Volk, das hierfür unsere einzige Quelle ist, nur eine sehr dunkle Vorstellung von seinem Glauben. Die Schamanen selbst, welche uns die allein sichere Quelle sein könnten, fürchten sich allgemein, ihre Geheimnisse zu verrathen und hüllen sich stets in den Nimbus des Geheimnisses, den sie für ihren Erwerb so nöthig haben. Ich war daher nicht wenig erfreut, als ich in der Mission am Kebisen auf zwei getaufte Schamanen traf und hoffte auf reichere Ausbeute. Leider wurde auch in diesem Falle meine Hoffnung getäuscht, denn ich erhielt von ihnen auf alle meine Fragen keine andere Antwort, als: „Unser früherer Gott ist schon so ergrimmt genug, dass wir ihn verlassen haben; was wird er thun, wenn er erfährt, dass wir ihn jetzt noch verrathen? Aber noch mehr fürchten wir den russischen Gott, wenn er hört, dass wir von dem alten Glauben sprechen. Was wird uns da für Rettung sein? (auda arga nä polor?)" Trotz dieser Schwierigkeiten habe ich doch im Laufe der Zeit in einer ganzen Anzahl von Legenden, Sagen, Märchen, Erzählungen, Liedern viele Anspielungen und Hinweise auf die Glaubensanschauungen des Volkes gefunden; dazu kamen viele abgerissene Aeusserungen der Schamanenanhänger und der Schamanen selbst, so dass ich wohl im Stande bin, ein Gesammtbild der Weltanschauung des Schamanismus zu entwerfen, wenn dieses Bild auch in vielen Stücken ein lückenhaftes ist.

Die Welt besteht nach der Anschauung der Schamanisten aus einer Anzahl von Schichten, über deren wirkliche Anlage die Leute sich nicht den Kopf zerbrechen. Die Anschauung der Schicht ist gewiss von der Bergschicht genommen, welche die Bergbewohner gleichsam vor ihren Augen sich aufthürmen sehen, wenn sie sich auf einer bedeutenden Höhe befinden. Die Schichten sind durch ein gewisses Etwas von einander getrennt, da der Schaman bei der Beschwörung einer gewissen Kraftanstrengung bedarf, um aus der einen Schicht in die andere zu gelangen, und diese Kraftanstrengung begleitet stets ein krachendes Geräusch.

Siebzehn obere Schichten bilden den Himmel, das Reich des Lichtes, und sieben oder neun Schichten bilden die Unterwelt, das Reich der Finsterniss. Zwischen den Schichten des Himmels und den Schichten der Unterwelt ist die Oberfläche der Erde, der Wohnsitz des Menschengeschlechtes, so dass die Oberfläche der Erde mit allen ihren Bewohnern sich unter dem Einflusse beider genannten Reiche befindet.

Alle guten Geister, Genien und Gottheiten, die das schwache Menschenvolk schaffen, schützen und erhalten, leben in den oberen Schichten des Lichtes, denn das Licht ist ja der Freund aller Menschen, der Erhalter aller Lebensäusserungen der Natur. In den unteren Schichten der Finsterniss aber lauern die Unholde, die bösen Geister und Gottheiten, die dem Menschen zu schaden und ihn zu vernichten suchen und trotz aller Kämpfe ihn endlich doch herabziehen in die ewige Finsterniss.

Die Ursache einer solchen Weltordnung erzählen uns die Legenden von der Erschaffung der Welt. Hier eine derselben.

Ehe die Erde und der Himmel geschaffen waren, war Alles Wasser, die Erde war nicht da und der Himmel existirte nicht, Sonne und Mond waren nicht. Da erschuf Tengere Kaira Kan, der höchste der Götter, der Anfang alles Bestehenden, der Vater und die Mutter des Menschengeschlechtes, zuerst ein Wesen, das ihm gleich war, und nannte es Mensch (Kishi). Kaira Kan und der Mensch schwebten ruhig über dem Wasser; wie zwei schwarze Gänse schwebten sie. Der Mensch aber war nicht zufrieden mit dieser seligen Ruhe, er wollte sich höher erheben als Kaira Kan. In Folge dieser Vermessenheit verlor er die Kraft zum Fliegen und stürzte in die Tiefe, in das grundlose Wasser. In seiner Noth, dem Ertrinken nahe, rief er den Tengere Kaira Kan (den gütigen Himmel) um Hülfe an. Kaira Kan befahl dem Menschen, sich aus der Tiefe zu erheben, und der Mensch erhob sich, dann liess er aus dem Meere einen Stern sich erheben, damit der Mensch sich auf diesen setzen konnte und er vor der Wassersnoth geschützt war. Da der Mensch nicht mehr fliegen konnte, gedachte Kaira Kan die Erde zu schaffen, deshalb liess er den Menschen tief hinab in's Wasser tauchen und aus der Tiefe Erde herauf zu holen und streute die Erde auf der Oberfläche des Wassers aus. Als der Mensch die Erde aus dem Wasser hervorholte, steckte er einen Theil der Erde in den Mund, um für sich heimlich ein Land zu schaffen; als er aber empor kam, schwoll die Erde im Munde an, dass er nicht mehr athmen konnte und fast erstickt wäre, wenn ihm nicht Kaira Kan befohlen hätte, die Erde auszuspeien. Das Land, das Kaira Kan geschaffen hatte, war eben und glatt, aber die Erde, die aus dem Munde des Menschen hervorquoll, spritzte nach allen Seiten auseinander und bedeckte ganze Landstrecken mit Sumpfhügelchen. In seinem Zorne nannte nun Kaira Kan den Menschen Erlik und verbannte ihn aus dem Reiche des Lichtes; darauf schuf er andere Menschen, die die Erde bevölkern sollten. Er liess einen Baum mit neun Zweigen aus der Erde wachsen und unter jedem Zweig schuf er einen Menschen; diese neun Menschen waren die Stammväter der neun Völkerstämme, die bis jetzt das Erdenrund bewohnen.

Als Erlik die Menschen, die neuen Bewohner der Erde, erblickte und sah, dass sie alle so schön und gut waren, bat er den Kaira Kan, ihm diese Geschöpfe in die Hand zu geben. Kaira Kan verweigerte ihm diese Gabe; da wusste Erlik sie zum Bösen zu verführen und so mit Gewalt an sich zu reissen. Kaira Kan aber erzürnte über das thörichte Menschenvolk, das sich so leicht vom Erlik hatte verleiten lassen. Er beschloss deshalb, von jetzt ab das Menschengeschlecht sich selbst zu überlassen, den Erlik aber verfluchte er von Neuem und verbannte ihn in die dritte Schicht des unterirdischen Reiches der Finsterniss; für sich selber aber schuf er die siebzehn Schichten des Himmels mit ihren Bewohnern und wählte die höchste Schicht des Himmels als seinen bleibenden Wohnsitz. Zum Beschützer und Lehrer des nun vereinsamten Menschengeschlechtes liess er den erhabenen Mai-Tärä zurück. Als Erlik den schönen Himmel erblickte, beschloss er, sich auch einen Himmel zu erbauen, und nachdem er dazu die Erlaubniss des Kaira Kan erhalten hatte, liess er daselbst seine eigenen Unterthanen, die bösen Geister, die von ihm verderbten Menschen wohnen. Und die bösen Geister lebten viel besser als die von Gott geschaffenen Menschen der Erde. Dies erregte den Zorn des Kaira Kan und er schickte den Helden Mandyschirä, um den Himmel des Erlik zu zerstören. Da erdröhnte der Himmel unter den mächtigen Hieben der Lanze des Mandyschirä, der Himmel des Erlik aber zersprang in kleine Stücke und fiel auf die Erde herab, und die Erde, die bis dahin glatt und eben gewesen war, wurde verdorben, denn es entstanden durch die herabfallenden Trümmer die mächtigen Berge und die tiefen Schluchten und zwischen ihnen wuchsen die undurchdringlichen Waldstrecken hervor. Kaira Kan aber verbannte Erlik zur tiefsten Erdschicht, wo weder Mond noch Sonne scheint, wohin das Licht der Sterne nicht dringt, und befahl ihm, dort zu verweilen bis zum Ende der Welt.

Es giebt viele Legenden der Welterschaffung und diese stellen natürlich den Gang der Erschaffung sehr verschiedenartig dar. Das ist auch sehr wohl verständlich, denn alle diese Erzählungen sind nur der Ausdruck der kindlichen Speculation des Volkes über den den Menschen unverständlichen Process des Werdens und die Ursache alles Bestehenden. Da jede Erklärung dieses Processes selbst für den ungebildetsten Menschen stets voll von Widersprüchen sein muss, so sucht er nach immer neuen Erklärungen und forscht gern bei Anderen nach ihrer Meinung über das Unverständliche. So kommt es denn, dass schneller als alle übrigen Legenden die Legenden über die Ursache des Seins sich zwischen den verschiedenen Völkern ausgleichen und mittheilen. Darum finden wir auch viele Varianten dieser Legenden bei den altaischen Schamanisten und in allen diesen Legenden deutliche Spuren der Mosaischen Schöpfungsgeschichte und des Buddhismus, von denen die ersteren zum Theil durch die

Mohammedaner, zum Theil durch die Christen hierher geführt wurden.

Dies beweist uns die Variante, dass Kaira Kan zuerst drei mächtige Fische geschaffen, auf deren Rücken er die Erde befestigt habe. Auch eine Sage vom Sündenfall, die in der von mir hier erzählten Legende auftritt, die ich aber weggelassen, weil sie fast ganz mit der Mosaischen Erzählung übereinstimmt. Die Namen Mandyschirä und Mai-tärä, die in der hier aufgeführten Sage auftreten, deuten auf buddhistischen Einfluss.

Tengere Kaira Kan bewohnt noch jetzt die siebzehnte Himmelsschicht und leitet von dort aus die Geschicke des Weltalls. Aus dem Kaira Kan entstanden durch Emanation die drei höchsten Gottheiten: Bai Ülgön, der auf dem goldenen Berge in der sechzehnten Himmelsschicht wohnt und dort auf goldenem Throne sitzt; Kysagan Tengere, der Mächtige, der seinen Wohnsitz in der neunten Himmelsschicht hat, und der Allweise, Mergen Tengere, der in der siebenten Himmelsschicht sich aufhält, wo auch die Mutter Sonne (kün änä) sich befindet und den Himmel und die Erde überstrahlt. In der sechsten Himmelsschicht wohnt der „Vater Mond" (ai ada). Die Benennung „Mutter Sonne" und „Vater Mond", kün änä und ai ada, sind nur durch sprachliche Anklänge der Vocalähnlichkeit entstanden und haben weiter keine mythische Bedeutung. In der fünften Himmelsschicht wohnt der höchste Schöpfer, auch Gott der Schöpfer (kudai jajutschi) genannt. Der erhabene Bai Ülgän hat zwei Söhne, den Jajyk, der auch Mai-änä genannt wird, und Mai-tärä, den schützenden Gönner der Menschheit. Sie wohnen in der dritten Himmelsschicht; hier ist auch der *Süt-ak-köl*, der milchweisse See, der Urquell alles Lebens, und in seiner Nähe der Berg Sürö, der Wohnsitz der sieben Kudai (jätti kudai = sieben Götter), die hier unter ihren Untergebenen, den Jajutschi (d. h. den Schöpfern), den Schutzengeln und Begleitern der Menschen leben. Hier ist auch das Paradies (ak, d. h. das Weisse), wo die Seligen und Gerechten (aktu: die mit Weisse, d. h. Gerechtigkeit Versehenen) ein glückliches Dasein führen. Diese letzteren sind die Gemeinschaft der Ahnen der jetzt lebenden Menschheit, die hier geschlechterweise leben und durch die Kraft des Familienbandes die Vermittlung zwischen den Gottheiten des Himmels und ihren auf der Erde lebenden Nachkommen übernehmen und diesen in Nöthen beistehen können.

Die Erde selbst, auf der die Menschen leben, erscheint personificirt als eine für die Menschheit wohlthätige Geistergemeinschaft und wird als solche von den Menschen unter dem Namen Jär-su (Erde — Wasser) verehrt. Ich sage Geistergemeinschaft, da unter Jer-su die Gesammtheit der siebzehn hohen Chane (Fürsten) verstanden wird: alle diese Fürsten der Quellgebiete haben auf den Schneegipfeln der mächtigen Bergriesen, bei den Quellen der das Land befeuchtenden und befruchtenden Ströme ihre Wohnsitze. Der mächtigste dieser siebzehn Chane ist der Jö Kan. Er wohnt im Nabel der Erde, dem Mittelpunkte, wo der höchste aller Erdenbäume wächst, eine riesenhohe Tanne, deren Gipfel bis zum Hause des Bai Ülgön reicht. Dieser Baum ist ein Zeichen, dass die Macht des Jo Kan fast der der höchsten Himmelsgottheit gleichkommt. Jo Kan hat zwei Söhne, den Sö Kan und den Temir Kan, die auch zu den Erdenfürsten gehören; diese nehmen gern die Libationen der Menschen in Empfang. Der vierte der gewaltigen Fürsten der Erde ist Talai Kan, der Fürst des Meeres, der Schützer der Verstorbenen, er wird auch Jajyk Kan (der Fürst der überschwemmten Wasserfläche) genannt. Seine Wohnung hat Talai Kan bei der Mündung der siebzehn Meere, er ist der Oberherrscher über alle Gewässer der Erde. Der fünfte Chan ist Adam Kan (eine durch Vermittlung der Kirgisen von den Mohammedanern hier eingedrungene Persönlichkeit). Der sechste ist Mordo Kan oder Abakan Kan, der Herrscher des Abakan-Stromes, der auf den Quellen dieses Flusses östlich vom Teletzkischen See seinen Wohnsitz hat, wo er als Regenspender verehrt wird. Der siebente Fürst ist Altai Kan, der Wohlthäter des Altai-Volkes, welcher bei den Quellen der Katunja, der himmelhohen Belucha, seinen Sitz hat. Der achte Chan ist Kyrgys Kan, der reiche Wirth des Kemtschik, des Quellgebietes des Jenissei. Der neunte Chan ist Jabasch Kan; der zehnte Edär Kan. Die übrigen sieben Fürsten werden bei den verschiedenen Stämmen sehr verschieden genannt. Im nördlichen Altai wurden sie genannt: Jäbyr Kan, Kairn Kan, Puisan Kan, Pärbi Kan, Mansar Kan, Pyrtschu Kan und Oktü Kan, über deren Wohnsitze und Bedeutung ich nichts Näheres anzugeben vermag.

Alle diese Gottheiten der Oberwelt, die in den Schichten des Himmels und auf der Erde leben, werden als die Schöpfer, Erhalter und Beschützer der Menschheit angesehen. Am nächsten stehen die Menschen den Gottheiten des Jersu, deren Wohlthaten er direct empfängt und mit welchen er daher auch in unmittelbare Verbindung zu treten und Opfer zu spenden wagt. An die Gottheiten des höchsten Himmels, ebenso wie an die Geister der Finsterniss wagt der schwache Mensch sich nicht zu wenden, dazu bedarf er eines Vermittlers und zwar der im Paradiese wohnenden Vorfahren. Mit Hülfe dieser seiner Vorfahren theilt er den hohen Göttern des Himmels seine Noth mit und bittet sie um Hülfe. Darum hängt auch an jeder Götzenstelle der Jurte ein Götterbild der höheren Götter in einem Reifen, der den Wohnsitz der Himmelsschicht bedeutet, und daneben der Somo, die neun den Menschen behütenden Vorfahren. Aber nicht alle Menschen vermögen sich wirksam an die Vorfahren zu wenden, oder vielmehr nicht allen Vorfahren ist die Macht einer starken Hülfe gegeben. Diese Kraft wohnt nur wenigen Geschlechtern, den Geschlechtern der Schamanen, inne, die ihre Gewalt von Vater auf Sohn mit dem sichtbaren Zeichen der Schamanentrommel übergeben, mittelst der er durch die Kraft seiner Vorfahren die Geister des Jersu rufen und zu thätiger Hülfe zwingen kann. Wie dieses Anrufen der Vorfahren geschieht, können wir aus zwei kurzen Gebeten ersehen, die ich bei Gelegenheit ihrer Anwendung selbst aufschrieb (was bei Beschwörungen nicht möglich ist). Das erste dieser Gebete ist ein Bittgebet um schönes Wetter. Dies verrichtete einer meiner Führer vom Stamme der Tölös (am Tscholyschman), als uns im Jahre 1861 nicht weit von den Quellen des Abakan, wochenlang das schrecklichste Ungewitter verfolgt hatte. Der Beter war ein sogenannter Jadatschy (ein Wettermacher), der, da er keinen Jadatasch zur Hand hatte, mittelst einer aus meiner Reiseapotheke entnommenen Medizin das Gebet wirksam machte. Nachdem er die Medizin in einem Löffel über dem Feuer erwärmt hatte, erhob er beide Hände und den Löffel zum Himmel und sprach:

Kaira Kan, Kaira Kan!
Alás! Alás! Alás!
Handbreit öffne du den Himmel!
Oeffne einer Nadel Breite!
Vom Geschlecht der Regenmacher
Bin ich, ich der Ceder Wurzel.
Abu Tobu heisse ich.
Heisse Ongustai Kuldurak.
Auf der Erd' sei Himmelsnabel!

Erdennabel sei im Himmel!
Paschtygan, den Vorfahr, ruf ich.
Oeffne du des Himmels Weg!
Handbreit öffne du den Himmel!
Oeffne einer Nadel Breite!
Du durchdring' die hohen Berge:
Von des Abakanes Quellen,
Kaira Kan, o Kaira Kan!
Alás, Alás, Alás!

Das zweite ist ein Dankgebet, das in meiner Gegenwart mein Wirth am Batschat, ein Teleuten-Schaman, hielt und mir später dictirte.

Der du in der Höhe wohnest,
Himmelsherr Kan Abyjasch,
Der auf Erden Gras hervorrief
Und die Blätter auf den Bäumen,
Der am Schenkel Fleisch geschaffen
Und die Haare auf dem Haupte,
Du, der Schöpfer des Geschaffnen!
Himmel du, für die Geschöpfe!
O, ihr sechzig mächt'gen Fürsten,
Die erhoben mir den Vater,
Du, der hohe Ülgön-Bai,
Der erhoben mir die Mutter.
Herr-Gott, du verleihe Vieh!
Herr-Gott, du verleihe Brot!
Gieb dem Hause du ein Haupt!
Du, der Schöpfer des Geschaffnen!
Himmel du, für die Geschöpfe!
Durch den Vater flehe an dich:
Gieb den Segen mir, o Vater!
Vater stehe du doch bei

(Hier ist der Name des Vaters und des Geschlechtes gewiss aus Pietät weggeblieben.)

Meinem Haupte hier im Hause,
Auf dem Felde meinem Vieh!
Ich verneige mich vor dir,
O, du Schöpfer des Geschaffnen!
Der Geschöpfe Himmelsfürst!

Das unterirdische Reich der Finsterniss besteht, wie ich schon vorher erwähnt habe, aus neun Schichten. In allen diesen Schichten herrscht eine ihnen eigenthümliche grausige Beleuchtung von einer der Unterwelt eigenthümlichen Sonne. Hier wohnen alle bösen Geister, d. h. alle diejenigen Wesen, die dem Menschen nachstellen, deren Streben nur darauf gerichtet ist, ihm Schaden und Leid zuzufügen. Diese feindlichen Kräfte bezeichnen die Altajer mit dem allgemeinen Namen *Tümängi Tus* (die Unterwelt). Sie besteht aus ungestalteten Kobolden, Schwanenjungfrauen, Ainas und Körmössen, Etkären und Jaman Üsüt. Der Herrscher über alle diese Wesen der Unterwelt ist Erlik Kan, den Bai Ülgän selbst geschaffen. Erlik Kan, der grimme Fürst, sitzt auf schwarzem Throne in der fünften oder neunten Schicht der Unterwelt; hier ist er von seinem Hofstaate umgeben, all den obenerwähnten bösen Genien. Noch tiefer als Erlik ist der Aufenthalt der Verfluchten, die grause Hölle (Kasyrgan), wo die Sünder und Verbrecher dieser Welt im Jenseits die gerechte Strafe für ihre Vergehen erdulden. Erlik Kan ist der furchtbare Feind der Menschheit, der trotzdem der Vater Erlik genannt wird, „da wir alle zu ihm gehören und er unser Leben zuletzt vernichtet". Schon das Aeussere des Erlik ist grausenerregend, die Beschwörungsformeln der Schamanen schildern sein Aussehen in folgender Weise:

> Du, Erlik auf schwarzem Rosse,
> Hast ein Bett aus schwarzem Biber,
> Deine Hüften sind so mächtig,
> Dass kein Gürtel sie umspannet,
> Deinen Hals, den allgewalt'gen,
> Kann kein Menschenkind umfangen;
> Spannenbreit sind deine Brauen,
> Schwarz ist deines Bartes Fülle,
> Blutbefleckt dein grauses Antlitz.
>
> O, du reicher Kan Erlik,
> Dessen Haare strahlend funkeln,
> Immer dienet dir als Eimer
> Eines todten Menschen Brust;
> Menschenschädel sind dir Becher,
> Grünes Eisen ist dein Schwert.
> Eisen — deine Schulterblätter,
> Funkelnd ist dein schwarzes Antlitz,
> Wellend flattern deine Haare.
> Bei der Thüre deiner Jurte
> Stehen viele mächt'ge Throne.
> Einen ird'nen Dreifuss hast du,
> Eisern ist dein Jurtendach.
> Reitest den gewalt'gen Ochsen.
> Zum Bezug für deinen Sattel
> Reicht nicht eines Pferdes Haut;
> Helden stürzen, reckst die Hand du,

Pferde stürzen, wenn den Bauchriem',
Fürchterlicher, du nur festziehst.
O, Erlik, Erlik, mein Vater,
Was verfolgest du das Volk so?
Sag', was richtest du zu Grund' es?
Schwarz wie Russ ist stets dein Antlitz,
Finster glänzend wie die Kohle,
O, Erlik, Erlik, mein Vater.
Von Geschlechtern zu Geschlechtern,
In dem langen Lauf der Zeiten
Ehren wir dich Tag und Nächte,
Von Geschlechtern zu Geschlechtern
Bist ein hochgeehrter Führer!

Wie soll das arme, verfolgte Menschenherz diesen Erlik nicht fürchten? Von ihm kommt ja alles Uebel, er verführt zur Sünde, wirft mit Krankheit den Menschen nieder, schickt den Tod, der ihn von den Seinen trennt. Misswachs, Viehseuchen und Armuth, Alles, Alles schickt Erlik. Da giebt es denn für den Menschen keine wichtigere Pflicht, als diesen Erlik stets in Ehren zu halten, ihn Vater und Führer zu nennen und durch reichliche Opferspenden sich geneigt zu machen.

Wenn der Mensch geboren werden soll, so giebt zuerst Bai Ülgon seinem Sohne Jajyk den Befehl, dieser erfüllt den Auftrag des Vaters und überträgt auf Bitten der Vorfahren die Geburt einem Jajutschi, welcher die Lebenskraft aus dem Süt-ak-köl, dem milchweissen See, nimmt, den Neugeborenen zur Welt bringen lässt und ihm während seines ganzen Erdenlebens helfend zur Seite steht. Erlik, der die Geburt des Menschen weiss, schickt aber zugleich einen Körmös aus, der sich bemüht, die Geburt zu verhindern, oder geht das nicht an, schwieriger zu machen, so dass die arme Mutter durch die Schuld des Körmös in unerträglichen Geburtswehen sich windet. Geht trotzdem die Geburt glücklich von statten, so verlässt der Körmös den Neugeborenen nicht, sondern verfolgt ihn auf Erliks Befehl bis an's Ende seines irdischen Lebens. So hat denn jeder Mensch zwei stete Begleiter: bei seiner rechten Schulter steht der Jajutschi, bei seiner linken Schulter der Körmös. Beide Begleiter beobachten den Menschen ununterbrochen während seines ganzen Lebens. Der Jajutschi schreibt alle guten Thaten des Menschen auf, während der Körmös alle seine bösen Handlungen verzeichnet. Wenn es zuletzt dem Erlik gelingt, die Lebenskräfte des Menschen zu untergraben, d. h. wenn der Tod den Menschen erreicht, so erfasst der Körmös die noch lebende Seele des Menschen und zieht sie mit sich fort bis zur siebenten Schicht der Unterwelt vor den Richterstuhl des Erlik. Hier geben beide Begleiter, der Jajutschi und der Körmös, Zeugniss von den Thaten des Gestorbenen. Hat der Mensch mehr Gutes als Böses gethan, so hat Erlik Kan über ihn keine Macht. Der Körmös verlässt ihn, und der Jajutschi bringt ihn empor aus dem Reiche der Finsterniss. Die Seele des bösen Menschen hingegen verlässt ihr Schutzgeist, der Jajutschi, und Körmös schleppt sie hinab bis zur tiefsten Schicht der Unterwelt, wo sich die grausige Hölle befindet. Hier ist ein riesiger Kessel, der mit kochendem Theer angefüllt ist, in diesen Kessel schleudert der Körmös die Seele des sündigen Menschen. Nach einiger Zeit erhebt sich dieselbe über die Oberfläche des brodelnden Theeres zu verschiedener Höhe. Die ärgsten Sünder, die während ihres Erdenlebens keine guten Thaten vollführt, bleiben ewig unter der Oberfläche; die Seele des Menschen aber, den die Sünde weniger tief in die Verdammniss hinabzieht, steigt empor, so dass der Scheitel mit dem Zopfe aus der schwarzen Flüssigkeit des Kessels hervorsieht. Bessere Menschen sinken weniger tief, so dass der ganze mit Haaren bedeckte Theil des Kopfes sich ausserhalb des Kessels befindet. Je mehr gute Thaten der Mensch zu verzeichnen hat, um so höher entsteigt er dem Kessel, so dass bei Einigen die Stirn, bei Anderen die Augenbrauen und so allmählich Augen, Nase, Mund, zuletzt der ganze Kopf bis zum Kinn, dann mit dem Halse zu sehen ist. So ergiebt sich, dass die guten Thaten, welche der Mensch während seines Lebens verrichtet hat, auch nach dem Tode nicht verloren gehen, und dass die schreckliche Strafe des Erlik, die Verdammniss, nicht für die Ewigkeit ist. Die Seligen im Himmel vergessen nicht die Wohlthaten, die sie von Sündern empfangen haben; sie und die Vorfahren des Sünders schicken ihre Jajutschi zur Hölle hinab, um ihren dort schmachtenden Wohlthätern Hülfe zu leisten. Der Jajutschi sucht den Wohlthäter und Nachkommen seines früheren Schützlings auf, fasst ihn beim Zopfe (weshalb auch jeder Kalmück einen solchen trägt) und bemüht sich, ihn aus dem kochenden Theer herauszuziehen. Die Kraft des Jajutschi steigt im Verhältniss der Bedeutung der von dem Sünder erwiesenen Wohlthat, so dass er allmählich den Sünder immer höher hebt. Ist es ihm zuletzt gelungen, den Sünder ganz aus der kochenden Flüssigkeit herauszuziehen, so nimmt er ihn auf seine Arme und trägt ihn zur Oberwelt empor. Es giebt aber in der Welt des Schamanenthums dennoch keine ewige Gerechtigkeit. Die Götter des Lichtes sowohl wie die Geister der Finsterniss handeln nicht lediglich nach ethischen Grundsätzen, sondern lassen sich durch süsse Opferspeise gewinnen und drücken, wenn sie reich beschenkt werden, gern ein Auge zu; sie sind neidisch auf den Reichthum der Menschen und verlangen von allen ihre Gaben. Darum ist es eine Pflicht, stets mit den Geistern des Lichtes und der Finsterniss durch eigenthümlich dazu begabte Menschen in Verbindung zu treten. Diese Aufgabe der Vermittelung übernehmen die Schamanengeschlechter.

So lange der mächtige Erlik in die Finsterniss gebannt ist und mit seinen Geistern nicht offen im Lichte des Tages sich zeigt, besteht eine immer gleichmässige Naturordnung des Weltalls, wie sie der Wille der Gottheit geschaffen hat, bis zum Ende dieser Welt, die wie alles Geschaffene auch ein Ende haben wird. Wenn sich endlich das Ende der Welt nähern wird:

> Dann entflammt die schwarze Erde,
> Kommen um des Volkes Schaaren,
> Treiben Flüsse blut'ge Wellen,
> Dreh'n im Wirbel sich die Berge.
> Felsen stürzen krachend nieder,
> Zitternd schwankt der Himmelsbogen,
> Thürmen auf sich Meereswogen,
> Dass der Meeresgrund erscheinet.
> Auf dem Grund des Meers zerbrechen
> Jetzt neun grosse, schwarze Steine,
> Und aus jedem dieser Steine
> Steigt empor ein Eisenheld;
> Die gewalt'gen Eisenhelden
> Reiten auf neun Eisenrossen.
> An der Rosse Vorderfüssen
> Bitzen hell neun Eisenschwerter,
> Und an ihren Hinterfüssen
> Blinken je neun Eisenlanzen.
> Treffen sie im Lauf auf Bäume,
> Sinken nieder alle Bäume;
> Treffen sie lebend'ge Wesen,
> Sinken sie vernichtet nieder.
> Kaira Kan, der Gott, der Vater,
> Er, der Schöpfer dieser Welt,
> Hält sich dann die Ohren zu.

> Hört nicht auf des Volkes Schreien,
> Schaljimä ruft dann vergebens
> Den Mandyschirä zu Hülfe,
> Dieser giebt ihm keine Antwort.
> Mai-Tärä ruft er vergebens,
> Mai-Tärä verharrt in Schweigen.
> Dann zwei Helden des Erlik,
> Held Karan und Held Kere.
> Kommen aus der Erd' empor.
> Kämpfend stürmt auf diese Helden
> Mai-Tärä und Mandishare.
> Von dem Blute Mai-Tärä's
> Zündet an sich jetzt die Erde.
> So wird einst das End' der Welt sein.

Dies ist in den Hauptzügen die Weltanschauung, wie sie bei den dem Schamanenthum anhängenden Türkstämmen des Altai allgemein verbreitet ist. Es ist unmöglich, dieses Bild genauer zu entwerfen, da wir bei allen Einzelheiten auf sich stets widersprechende Nachrichten stossen, die die Einheit des Bildes nur verwirren, wenn nicht vernichten würden. Schon dieses in kurzen Zügen entworfene Bild beweist uns, dass wir es hier mit einer Personificirung der Naturkräfte zu thun haben, die in ihrer phantastischen und oft barocken Darstellung durch die verschiedenartigen mythologischen Vorstellungen der umwohnenden Völker beeinflusst ist. Die leitende Idee des ganzen künstlichen Aufbaues ist folgende: Das Menschengeschlecht steht unter dem steten Einflusse zweier entgegengesetzten Kräfte, der Kraft des Lichtes und der Kraft der Finsterniss. Die erste von beiden wohnt natürlich oben im Himmel, von wo aus ja die wohlthätige Sonne ihre wärmenden Strahlen auf die kalte Erde herabsendet und durch ihre Kraft alle Lebenserscheinungen auf der Erde hervorruft, von wo selbst in der Nacht das milde Licht des Mondes und der Sterne den Schrecken der die Erde deckenden Finsterniss zu mildern sucht. Die zweite Kraft wohnt in dem Urquell der Finsterniss, in dem Schoosse der kalten, starren Erde. Ihr Werk ist die Finsterniss der Nächte, die alles Leben vernichtende Kälte und der Tod, nach dessen Eintreten der starre Körper des Menschen in die dunkle Erde hinabsinkt.

Zwischen diesen beiden mächtigen Gewalten liegt nun die dem Menschen verwandte, von Leben erfüllte Erdoberfläche, die er mit seinen Sinnen fassen kann, von der er selbst einen Theil ausmacht, das Jersu mit seinen siebzehn Gebirgen und

Meeren, die dem Menschen alles Nothwendige zum Unterhalte seines physischen Lebens bieten, indem sie ihn in reichem Maasse mit Speise, Kleidung und Wohnung versehen. Diese Erde steht dem Menschen so nahe, ja ist mit ihm ihrer Natur nach so verwandt, dass er sich ohne Furcht an sie wenden kann. Jeder Mensch bringt daher dem Jersu seine Libationen und Spenden dar, um ihm seinen Dank und seine Verehrung zu bezeugen. Jeder vermag ihn ohne Schaden in Liedern und frommen Sprüchen zu preisen und zu ehren. Bei jedem gefährlichen Bergpasse, bei jeder Furth über reissende Ströme bringt der Wanderer seinen Dank der Gottheit des Ortes dar, indem er einen Stein auf den aus diesen Spenden gebildeten Haufen (Obō) legt oder einen Lappen an einen geheiligten Baum heftet. Aber die Natur der Erde ist wechselnd, wie sein Leben selbst, in ihr ist nichts Festes, Bleibendes, darum bietet sie mit all ihrem Guten keinen Halt für sein Leben, für sein Schicksal; so wendet der Mensch seine höchste Verehrung den ihm unbegreiflichen Mächten des Lichtes und der Finsterniss zu, die sein Schicksal wie die Erde und ihre Erscheinungen regieren. Diese Mächte sind aber so gewaltig und ihre Wirkungen so unverständlich für ihn, dass er mit ihnen nicht in unmittelbaren Verkehr zu treten wagt. Dazu bedarf er derjenigen Wesen, die schon ein Verständniss der Götterkraft haben, d. h. seiner verstorbenen Vorfahren, die im Reiche des Lichtes selbst wie Gottheiten leben. Sie allein vermögen ihm in seiner Noth zu helfen.

Er begreift sehr wohl, dass die Mächte des Lichtes stärker sind als die der Finsterniss; da er aber das Gute, was er tagtäglich in reichem Maasse empfängt, ohne weiteres Nachdenken aufnimmt, während das Böse, das er erleidet, die Noth, die an ihn herantritt, ihm klar zum Bewusstsein kommt, so ist es selbstverständlich, dass er auch öfter an die feindlichen Mächte erinnert wird, als an die befreundeten. Seine Furcht vor den Mächten der Finsterniss, vor deren Verfolgung er keine Stunde sicher ist, drängt ihn dazu, nach Mitteln zu suchen, über die Absichten der bösen Geister im voraus Erkundigungen einzuziehen, ihren Angriffen vorzubeugen, sie für sich zu gewinnen. Dieses Mittel findet er nun in dem Beistande gewaltiger Schamanen, die durch die Vermittlung ihrer Vorfahren im Stande sind, mit den Mächten der Unterwelt in Verbindung zu treten, sie durch Geschenke zu besänftigen und durch Erfüllung der

Wünsche derselben drohendem Unglücke vorzubeugen. Das Bestreben der Schamanisten, mit Hülfe der Schamanen ein gutes Verhältniss mit den Mächten der Finsterniss zu unterhalten, hat bei den russischen Nachbarn den Glauben hervorgerufen, als ob die Religion der Schamanisten eine Religion des Teufels sei. Das Charakteristische für das Schamanenthum, das diese Religionsrichtung von anderen unterscheidet, ist der Glaube an die enge Verbindung, die zwischen den jetzt lebenden Menschen und ihren längst verstorbenen Ahnen besteht. Der Glaube an die Kraft dieser Verbindung veranlasst eine ununterbrochene Verehrung der Vorfahren. Unter solchen Umständen konnte nur derjenige als Priester, als Schaman, auftreten und wirken, der in eine engere Verbindung mit seinen Vorfahren zu treten vermochte, oder mit anderen Worten, es war hier nur ein erbliches, den Familien angehöriges Schamanenthum möglich.

Die Macht und das Wissen des Schamanisirens erhält somit der Schaman von seinen Vorfahren; durch Emanation ihrer Kraft lernt er die Schamanentrommel führen, durch Gesänge die Vorfahren und Geister zu sich zu rufen und mit ihrer Hülfe die eigene Seele vom Körper trennen und in das helle Reich des Lichts oder in die grosse Finsterniss hinabsenden.

Der Priester des Schamanenthums, der Vermittler zwischen Menschen und Geistern ist, wie gesagt, der Schaman, bei den türkischen Völkern *Kam* genannt, er richtet die Opferspende, beschwört die Geister, reinigt das Haus von den Seelen der Verstorbenen, leitet Bitt- und Dankgebete, ist endlich Arzt, Wahrsager und Wetterprophet. Mächtige Schamanen geniessen daher beim Volke ein ganz besonderes Ansehen, werden aber viel mehr gefürchtet als geliebt.

Die Fähigkeit und Wissenschaft des Schamanisirens ist, wie schon erwähnt, erblich und geht vom Vater auf den Sohn über, in besonderen, wenn auch seltenen Fällen aber auch vom Vater auf die Tochter. Dabei erhält der zukünftige Schaman vom Vater nicht etwa Unterricht oder Unterweisung, auch bereitet er sich auf diesen Beruf nicht vor, nein, plötzlich kommt über ihn die Schamanenkraft, wie eine Krankheit, die den ganzen Menschen ergreift. Das durch die Kraft der Vorfahren zum Schamanen bestimmte Individuum fühlt plötzlich eine Mattigkeit und Abgespanntheit in den Gliedern, die sich durch ein heftiges Zittern kund thut. Es überfällt ihn ein heftiges, unnatürliches

Gähnen, ein gewaltiger Druck liegt ihm auf der Brust, es drängt ihn plötzlich heftige, unarticulirte Schreie auszustossen, Fieberfrost schüttelt ihn, er rollt heftig mit den Augen, springt plötzlich auf und dreht sich wie besessen im Kreise herum, bis er schweissbedeckt niederstürzt und in epileptischen Zuckungen und Krämpfen sich am Boden wälzt. Seine Gliedmassen sind ganz gefühllos, er ergreift, was ihm unter die Hände kommt und verschluckt absichtslos alles, was er mit den Händen gefasst hat, glühendes Eisen, Messer, Nadeln, Beile, ohne dass ihm durch dieses Verschlucken irgend welcher Schaden geschieht. Nach einiger Zeit giebt er das Verschluckte trocken und unversehrt von sich. (Ich habe dies Alles natürlich nur vom Hörensagen und zwar von sehr glaubwürdigen Personen, was allerdings in Sachen des Aberglaubens vollkommen gleichgültig ist. Wer hier der Getäuschte ist, ist schwer zu entscheiden, wahrscheinlich geht hier Selbsttäuschung und absichtliche Täuschung Hand in Hand.) Alle diese Leiden werden immer stärker, bis das so geplagte Individuum zuletzt die Schamanentrommel ergreift und zu schamanisiren beginnt. Dann erst beruhigt sich die Natur, die Kraft der Vorfahren ist in ihn übergegangen und er kann jetzt nicht anders, er muss schamanisiren. Widersetzt sich der zum Schamanen Bestimmte dem Willen der Vorfahren, weigert er sich, zu schamanisiren, so setzt er sich schrecklichen Qualen aus, die entweder damit enden, dass der Betreffende alle Geisteskraft überhaupt verliert, also blödsinnig und stumpf wird, oder dass er in wilden Wahnsinn verfällt und gewöhnlich sich nach kurzer Zeit ein Leides anthut oder im Paroxismus stirbt.

Die Kunst und Kraft des Schamanen manifestirt sich also im Schamanisiren, das der Schaman entweder mit oder ohne Opferspenden ausführt.

Beim Schamanisiren tragen die Schamanen der Altajer eine von der gewöhnlichen nicht sehr abweichende Tracht: einen offenen Rock mit einem Brustlatze aus Thierfell und eine rothe Mütze mit einer Birkhuhnfeder. Die Schamanen der im nördlichen Altai wohnenden Schwarzwald-Tataren, Schor und Teleuten besitzen überhaupt keine bestimmte Tracht, sondern schamanisiren in ihrer gewöhnlichen Kleidung. Bei den Waldtungusen hingegen und anderen ostsibirischen Völkerschaften ist das Schamanenkleid auf Rücken, Brust und an den Armen mit vielen eisernen Behängen in Form von allerlei Thiergestalten besetzt, die bei jeder Bewegung des Körpers durch Aneinanderschlagen ein starkes Geklapper hervorbringen. Die Kleidung ist ohne Einfluss auf die Handlung der Beschwörung, wichtig aber ist für diese die sogenannte Schamanentrommel, ohne welche die Beschwörung keine Kraft hat. Dank- oder Bittgebete sprechen und wahrsagen kann der Schaman auch ohne Trommel.

Die Schamanentrommel (*tüngür* oder *tür*) besteht aus einem etwa 3—4 Zoll breiten, mehr oder weniger oval gebogenen Holzreifen in der Form eines Siebrandes, dessen längster Durchmesser etwa 1 Arschin beträgt. Dieser Holzreifen ist mit einem gegerbten Maralfelle bespannt und zwar in der Art einer Trommel, nur bedeckt das Fell auch die äussere Seite des Holzreifens. Im Inneren der Trommel befindet sich ein Griff in Form eines Stabes gerade an der Längsaxe des Holzreifens. Der Griff stellt gewöhnlich das Bild eines mit ausgestreckten Armen stehenden Menschen dar, der der Wirth der Trommel (tüngür äsi) genannt wird. Manchmal ist der Griff sauber geschnitzt. Meist ist es aber ein glatter Stock, an dessen oberem Ende ein grosser runder Kopf mit Augen aus Knöpfen befestigt ist, am unteren Ende sind zwei schräg gegen den Griff befestigte runde Hölzer, die die Beine vorstellen. Die Arme des Tüngür äsi stellt ein etwas unterhalb des Kopfes befestigter Draht dar, der eine senkrechte Chorde gegen die Griffstange bildet und mit allerlei Eisenstäbchen und mehreren eisernen Schellen behängt ist, die beim Schwingen der Trommel heftig rasseln. Ausserdem sind am Griffe mehrere Lappen oder Bänder von rother und blauer Farbe befestigt, die den Vorfahren des Schamanen geheiligt sind. Das auf die Schamanentrommel gespannte Fell ist an seiner äusseren Seite mit rothen Figuren bemalt. Trotz der Roheit der Zeichnung lässt sich deutlich erkennen, dass der obere Theil den Himmel darstellt, in der Mitte sind Sonne und Mond und darüber zahlreiche Sterne deutlich zu erkennen. Unten ist die Erde abgebildet, da sieht man zu beiden Seiten Bäume, einen fallenden Menschen mit ausgebreiteten Armen, einen Reiter zu Pferde, daneben Thiere und Vögel. Die Pferde wurden mir als Opferpferde, die Vögel als Gänse und Adler, der Reiter als der Schaman bezeichnet. Die Bäume sollen die den Göttern geheiligten Birken (Somo) darstellen. Die Schamanentrommel wird vom Schamanen mit der linken Hand in der Mitte des Griffes gehalten, in die rechte Hand nimmt der Schaman den Schlägel, der Orbu genannt wird. Der Schlägel ist von Holz und hat einen etwa 4—5 Zoll langen Griff, der manchmal recht künstlich geschnitzt ist. Der Schlägel selbst ist flach, etwa zwei Zoll breit, erst mit Woilok und dann mit einem behaarten Thierfelle (Zobel-, Hermelin- oder Hasenfell) überzogen, damit der Schlag auf die Trommel recht dumpf klinge. Schamanenbeschwörungen mit der Trommel finden bei allen oben aufgeführten priesterlichen Handlungen statt. Der Schaman erscheint zu diesen nur auf Einladung des Hauswirthes, der ihm dafür meist kleine Geschenke macht. Da gewöhnlich mit der Beschwörung ein Opfer verbunden ist, so wird der Schaman eben nur in Nothfällen, bei geschehenem oder drohendem Unglück, wie Krankheit oder Tod eines Familiengliedes oder Viehseuche, gerufen. Nachdem der Schaman erschienen, hält er eine kurze Beschwörung, in der er sich bei seinen Vorfahren über die Ursache des Leidens Nachricht holt. Nach Beendigung derselben theilt er die Ursache mit und bestimmt genau, was geschehen muss, ob ein Opfer überhaupt nöthig ist, welcher Gottheit dieses Opfer zu bringen sei, und zuletzt, worin dieses Opfer bestehen soll. Dabei bezeichnet er die Farbe und gewisse Merkmale, die das Opferthier haben muss, wenn es günstig aufgenommen und einen guten Erfolg erzielen soll. Ein Opfer, das man dem Erlik darbringt, wird an der Stelle getödtet, wo sich das Unglück ereignet hat, also in der Jurte selbst oder am Grabe des Verstorbenen, während man dem Bai-Ülgön das Opfer an einer einsamen Stelle, womöglich in einem Birkenwäldchen bei einer neu aufgestellten Jurte, darbringt. Der letzteren Opferhandlung dürfen übrigens nur Männer beiwohnen und muss der opfernde Schaman stets ein Mann sein. Am Opfermahle können beide Geschlechter theilnehmen und zwar Mädchen an der Stelle des Opfers selbst, Frauen aber nur in einiger Entfernung von derselben. Genaueres über die Gesänge der Beschwörung zu erfahren ist mit grosser Schwierigkeit verknüpft, da der Berichtende für sein eigenes Heil fürchtet. Die einzige grössere Aufzeichnung dieser Art findet sich seit dem Anfang der vierziger Jahre in der altajischen Mission, wo mir aber die Einsicht in diese Aufzeichnungen im Jahre 1861 verweigert wurde. Im Jahre 1870 hat dieselben der Missionär Werbitzki in der Tomsker Zeitung veröffentlicht. Er führt zwar alle Schamanengebete im

Urtext an, aber in so corrumpirter Form, dass das Verständniss an vielen Stellen vollkommen unmöglich ist, ausserdem ohne Uebersetzung. Da dies, wie gesagt, der einzige grössere derartige Text ist, so werde ich an der Hand dieser Aufzeichnung versuchen, die Ceremonien der Opferhandlung bei einem dem Ülgön gebrachten Opfer ausführlich zu beschreiben und die Texte der Beschwörungsformeln, so weit dies bei obigen Texten möglich ist, in ziemlich wörtlicher Uebersetzung an den betreffenden Stellen einfügen.

Die Ceremonien dieses grössten aller Opfer werden gewöhnlich auf drei Feierlichkeiten vertheilt, von denen jede einen besonderen Abend in Anspruch nimmt.

Am ersten Abend, sobald die Sonne hinter den Bergen verschwunden ist, beginnt die Vorbereitung zum Opfer (Tailga), die Wahl der Opferstelle, das Aussuchen des Opferthieres aus der Heerde des Besitzers und die qualvolle Tödtung desselben.

Der Schaman selbst bestimmt die zum Opfern passendste Stelle in einem einsamen Birkenwäldchen. An der von ihm bezeichneten Stelle, die sich gewöhnlich in einer kleinen Lichtung befindet, wird nun unter Beihülfe aller Anwesenden eine ganz neue Jurte aufgestellt, die mit Filzdecken und Teppichen bedeckt wird. In der Mitte der Jurte stellt man eine junge, mit dichtem Grün belaubte Birke auf, deren Wipfel durch das Rauchloch hervorschaut. Die unteren Zweige dieser Birke werden dicht am Stamme abgeschnitten und an einem der oberen ein Stück Zeug befestigt, das gleich einer Fahne herabhängt; in den Birkenstamm werden unten neun tiefe Kerbe mit dem Beile eingeschlagen, die so tief sind, dass man den Fuss hineinstellen kann und Stufen (tapty) heissen. Die Thür der zum Opfer aufgestellten Jurte ist stets nach Osten gekehrt. Vor der Thür der Jurte wird aus Birkenrinde und in die Erde gesteckte Stöcke eine kleine Umzäunung hergerichtet, die eine Hürde für das Vich vorstellen soll. Der der Jurtenthür zugekehrte Theil dieser Umzäunung wird offen gelassen und an der offenen Stelle ein Stab aus Birkenholz in die Erde gesteckt, an dessen oberem Ende sich eine Schlinge aus Pferdehaaren befindet.

Das dem Ülgön geweihte Opferthier muss ein Pferd von heller Haarfarbe sein. Hat der Schaman ein für das Opfer passendes Pferd gefunden, so wird demselben eine Holzschale auf den Rücken gestellt, dann versetzt man dem Thiere einen Schlag, dass es zur Seite springt und die Schale zu Boden fällt.

Kommt dabei die Schale so auf die Erde zu liegen, dass der Boden nach oben gerichtet ist, so ist das Thier nicht für das heutige Opfer geeignet; liegt aber die Schale mit der Oeffnung nach oben, so wird das Thier als zu einem günstigen Opfer passend erklärt. Ist das Opferthier eine Stute, so wird die Schale mit der eigenen Milch derselben ausgewaschen und bei der oben geschilderten Procedur folgender Spruch gesprochen:

> Ist das Opfer wohlgefällig,
> Mög' Er mit dem rechten Auge
> Auf das dargebot'ne schauen!
> Von mir ist der Napf geboten,
> Doch der Segen kommt von Euch:
> Uns ein gutes Zeichen gebend.
> Möge Er herniederschauen.

Ein vom Kame selbst bestimmter Mensch hält das so ausgewählte Opferthier an einem langen, aus Pferdehaaren gedrehten Halfterstricke. Dieser Mensch heisst *Basch-tutkan kiski* (der Kopfhalter) und nimmt in diesem Amte an der ganzen Opferhandlung theil. Der Schaman tritt nun mit einem dicht belaubten Birkenzweige neben das Opferthier und schwingt den Zweig über dem Rücken des Pferdes. Durch diese Ceremonie treibt der Schaman die Seele aus dem Opferthier und zwar dem Ülgön zu. Mit der Seele des Opferthieres zugleich wird nach dem Glauben der Altajer auch die Seele des Basch-tutkan ausgetrieben und begleitet jene bis zum Ülgön.

Jetzt tritt der Schaman an die Jurte, in der neben der Birke ein Feuer hergerichtet ist, lässt den Rauch von Wachholderzweigen, die man in das Feuer wirft, um die Trommel schlagen, setzt sich dann neben dem Feuer nieder und beginnt die Beschwörung, indem er sich für die erste Opferhandlung Gehülfen unter den Geistern in seine Trommel ruft.

> Komme her, o junge Wolke,
> Drückend dies mein Schulterblatt!
> Volk und Leute, meine Schulter
> Drückend, kommet her zu mir!
> Täng-Sary, du Sohn des Himmels,
> Ülgön's Sohn, o Kergidäi!
> Du, mein Auge mir zum Schauen,
> Meine Hand zum Greifen mir,
> Du, mein Fuss, mir zum Enteilen,
> Du, mein Huf, sobald ich stolp're.
> Meine Rechte führt den Orbu
> Tönend, komm zu meiner Rechten!

Nach dem Anrufen stönt der Kam mit veränderter hohler Stimme auch die Antwort des Gerufenen: „ā kam ai" (He Kam, da bin ich!) hervor, darauf neigt er die Trommel etwas nach aussen und macht eine schwankende Bewegung mit dem Arme, dass man deutlich sieht, der Geist sei jetzt in die Trommel aufgenommen. Dann fährt er fort:

> Mit dem Stock aus gelbem Rohre,
> Mit dem gelben Falben, du,
> Mit dem gelben, seid'nen Zügel,
> Mit dem Pelz aus gelber Seide;
> Kan Kartysch, des Ülgön Sohn,
> Spielend komm zu meiner Rechten,
> Die den Orbu schlagend schwingt.

Der Geist antwortet: „ā kam ai!" und wird in die Trommel aufgenommen.

> Du, auf rothem Kameelhengste,
> Mit dem rothen seid'nen Zügel,
> Mit dem Regenbogenstabe,
> Vater Kysūgan Tengrä,
> Komm als Jalama du tönend
> Jetzt zu meiner Rechten her!

Der Geist antwortet: „ā kam ai!" und wird in die Trommel aufgenommen.

> Der du unter Donner reitest,
> Der bei Blitzen spielend kommt,
> Donnerschwang're Herbsteswolke,
> Blitzereiche Frühlingswolke,
> Dessen Tritte krachend schallen:
> O, mein Vater Mergän Kan,
> Komm du als Jalama tönend
> Jetzt zu meiner Rechten her!

Der Geist antwortet: „ā kam ai!" und wird wie die anderen in die Trommel aufgenommen.

Jetzt erhebt sich der Schaman und tritt langsam aus der Jurte, nicht weit von der Jurte hat er einen mit Heu ausgestopften und mit Lappen überzogenen Gegenstand aufgestellt, der eine Gans vorstellen soll. Auf diese Gans setzt sich der Schaman und macht mit beiden Armen heftige Bewegungen, als ob er in die Höhe fliege, dabei singt er langsam und mit lauter Stimme:

> Unterhalb des weissen Himmels,
> Oberhalb der weissen Wolke;
> Unterhalb des blauen Himmels,

Oberhalb der blauen Wolke,
Steig' empor zum Himmel, Vogel!

Darauf antwortet der Schaman, die Gänsestimme nachahmend:

Ungai gak gak, ungai gak,
Kaigai gak gak, kaigai gak.
Der Schaman: Einen gold'nen Zaum befestigt!
Die Gans: Ungai gak gak! u. s. w.
Der Schaman: Fasst die gold'ne Fangeschlinge!
Die Gans: Ungai gak gak! u. s. w.
Der Schaman: Schauet hin 'ne Monatsstrecke!
Die Gans: Ungai gak gak! u. s. w.
Der Schaman: Schauet hin zum weissen Milch-See!
Die Gans: Ungai gak gak! u. s. w.
Der Schaman: Schauet hin 'ne Tagesstrecke!
Die Gans: Ungai gak gak! u. s. w.
Der Schaman: Schauet hin zum Sürö-Berge!
Die Gans: Ungai gak gak! u. s. w.
Der Schaman: Mög' er nicht vom Sürö-Berge
Speise sich zum Essen holen!
Mög' er nicht vom weissen Milch-See
Trank sich jetzt zum Trinken holen!
Die Gans: Ungai gak gak, ungai gak!
Kaigai gak gak, kaigai gak!

Die Seele des Opferthieres, „Pūra" genannt, beginnt bei diesem Rufe des Schamanen zu wiehern, der Schaman stösst dieses Wiehern selbst durch den nachahmenden Ruf: „Myjak, myjak, myjak!" aus. Da die Seele des Opferthieres jetzt entflieht, so jagt ihr der Schaman auf seiner Gans nach. Wenn die Pūra sich jetzt von der Höhe herablässt, so thut dies auch der Schaman. Herabgekommen, lässt er die Gans los und läuft schnell hinter der Pūra her. Alle Anwesenden nehmen an der Jagd Theil und laufen mit dem Schamanen aus der Jurte, „ai hai! ai hai!" schreiend hinter der vermeinten fliehenden Seele des Opferthieres her, bis es endlich gelingt, die Pūra in die Hürde zu treiben, wo sich der Birkenstab mit der Schlinge befindet, der den Hüter der Seele des Opferthieres (pūra-saktschy) darstellt. Der Schaman ruft diesem mit lauter Stimme zu:

Nehmt die gold'ne Fangeschlinge!
Hai, hai, hai!
Schwinget schnell die Pferdeleine!
Hai, hai, hai!
Leget an den gold'nen Kopfzaum!
Hai, hai, hai!

Unter diesem Rufen stürmt der Schaman zur Jurte, wirft mit einem Schwunge die Trommel über die linke Schulter und indem er mit der rechten Hand den Orbu hält, fasst er mit der linken Hand die Pferdehaarschlinge, so dass er so symbolisch die Seele des Opferthieres eingefangen hat. Dabei ahmt er wieder die Stimme eines Pferdes nach, dem der Hals mit einem Stricke zusammengeschnürt ist, er springt, schlägt mit den Füssen nach vorn und hinten aus und veranschaulicht in allen seinen Bewegungen die Geberden eines eingefangenen wilden Pferdes. Die während dieses Einfangens über die linke Schulter fortgeworfene Trommel wird von einem Nebenstehenden in der Luft aufgefangen. Ist die Trommel zur Erde gefallen, so ist dies ein Zeichen, dass die Seele des Opferthieres sich im letzten Augenblicke losgerissen hat und entflohen ist, dann muss die Ceremonie des Einfangens noch einmal von vorn begonnen werden. Ist aber die Pura eingefangen, so ertheilt der Schaman den vermeintlich um ihn stehenden Dienern, besonders dem Pura-saktschy (dem Seelenhüter) seine Befehle. Letzterem übergiebt er jetzt die Pura, indem er spricht:

  Sattelt ihn mit gold'nem Sattel,
  Legt ihm an den gold'nen Schwanzriem,
  Ziehet fest den gold'nen Bauchriem.

Jetzt reicht man dem Schaman einen grünen Wachholderzweig, mit welchem er die Pura von allen Seiten beräuchert, indem er langsam und gemessen singt:

  Alás, alás, alás, o Falben!
  Opfer du des Ülgön Kan!
  Du, des weisen Ülgön Opfer!
  Alás, alás, alás.

Jetzt erst entlässt der Schaman die Gans, die ihm als Reitthier gedient, und zwar mit folgenden Segensworten:

  Futter nimm vom Sürö-Berge!
  Trank nimm aus dem weissen Milch-See!
  Gänsemutter, du, mein Gackrer,
  Vogelmutter, Kurgai Kan,
  Volksmutter, Engkai Kan!
  Bleibe dicht beim Volke du!
  Rufet an sie: au! au! sagend!
  Ruft herbei sie: jä! jä! sagend!

Darauf hebt er plötzlich die Trommel hoch in die Höhe, schlägt zugleich heftig mit dem Orbu gegen dieselbe und stösst einen Schrei aus, um so das plötzliche Auffliegen der Gans zu veranschaulichen.

Jetzt erst, nachdem die Seele des Opferthieres zur Jurte zurückgekehrt ist, führt der Schaman mit Hülfe des anwesenden Volkes das sichtbare Opferthier an die einsame Stelle, wo das Opfer stattfinden soll. Dann spricht er mit feierlicher Stimme:

> Mit dem Scheitel heb' ich dich,
> Schütze dich mit meiner Schulter,
> Bringe dich als Opfer dar;
> Du, mein hochgesegnet' Füllen,
> Hebe auf dich zu der Jurte,
> Steig' empor zur neunten Schicht,
> Spielend fall' beim weissen Zelte,
> Bei dem Zelte Ülgöns nieder;
> Bäumend komm' zum Bai Ülgön,
> Tritt zu seiner rechten Hand,
> Zeig' dich seinem rechten Auge,
> Bring' uns einen guten Rechtsspruch.

Nach diesem Segensspruche macht sich der Schaman mit einigen der Anwesenden daran, das Opferthier zu Tode zu quälen, während die Uebrigen die Opferstelle (Taskak) errichten. Zu diesem Zwecke werden vier etwa 4 Werschok im Diameter habende Birkenstangen von 4—5 Arschin Länge so in die Erde senkrecht eingerammt, dass sie in den vier Ecken eines Quadrates etwa $2\frac{1}{2}$ Arschin von einander entfernt zu stehen kommen. Am oberen Ende werden diese Stangen mit Querhölzern verbunden und mit Reisig bedeckt, so dass sie gleichsam ein vierkantiges Prisma als Postament bilden.

Das Tödten des Opferthieres ist eine scheussliche Quälerei. Es wird auf folgende Weise ausgeführt. Das Pferd wird so hingestellt, dass sein Kopf nach Osten gerichtet ist und dann ihm das Maul ganz fest mit einem Stricke zugebunden. An jedem der vier Füsse wird ebenfalls ein sehr fester Strick angebunden. Dann legt man dem Thiere einen starken Pfahl der Länge nach über den Rücken, schlingt die an den Füssen festgebundenen Stricke einmal so an diesen Pfahl, dass wenn einige Leute den Pfahl niederdrücken, andere die Enden der Stricke anziehen, die Vorderfüsse nach vorn, die Hinterfüsse nach hinten gezerrt und möglichst gleichmässig dem Pfahle genähert werden. Bei dieser Operation, die mit grosser Sicherheit ganz allmählich ausgeführt wird, wird natürlich dem Pferde das Rückgrat an mehreren Stellen zerbrochen und die Beine aus den Gelenken gerissen. Dabei werden dem Opfer alle Oeffnungen des Körpers, Ohren-, Nasenlöcher und After mit Gras fest zugestopft, damit kein Blut herausfliesse. Wenn nun das Pferd bis zu Tode gequält ist, wird ihm das Fell abgezogen, und zwar so, dass der ganze Schädel und die Füsse bis zu den Knieen in der Haut bleiben. Nur die Zunge wird aus dem Maule herausgerissen. Das Fell wird am Halse und Bauche aufgeschnitten, so dass man den ganzen Körper, ohne die Haut weiter zu beschädigen, herausnehmen kann. Das Fell mit Schädel und Füssen, Baidara genannt, wird nun so auf einer 12—16 Arschine langen Stange (Tükölö) befestigt, dass die Spitze der Stange in die hintere Schädelöffnung gestossen werden kann, die Mitte des Rückens auf der Stange ruht und die vier Beine herabhängen. Dicht vor der Opferstelle wird nun ein kleinerer Pfahl mit einer gabelförmigen Spitze in die Erde gesteckt und über diese die Tükälä so gelegt, dass die Baidara, mit dem Kopfe nach Osten gerichtet, oberhalb des Taskak in der Luft hängt. So ist die Aufstellung der Opfer nur bei den Altajern. Bei den Teleuten sind, wie ich mich am Ur überzeugen konnte, die Baidara in sitzender Stellung auf dem Taskak aufgestellt.

Ist der Körper des Opferthieres aus der Baidara ausgeschält, so werden die Eingeweide herausgenommen und dann das Thier in Stücke geschnitten, und zwar in der Weise, dass man das Fleisch bei den Gelenken durchschneidet, ohne die Knochen zu zerbrechen. Nun werden die Knochen aus dem weichen Fleisch herausgeschnitten, d. h. am Hintertheile und bei dem Vordertheile, dann der Rücken, die Rippen und die Bruststücke besonders gelegt. Das von den Knochen geschälte weiche Fleisch wird roh vertheilt. Rücken, Hintertheil, Rippenstücke und die kleineren Knochen, ebenso das Bruststück, werden in grossen Kesseln mit Wasser ohne jede Beimischung gekocht.

Das Zerlegen muss mit grosser Kunst ausgeführt werden, da wie gesagt kein Knochen auch nur die geringste Spur von Beschädigung zeigen darf, es wird daher ein Kenner mit diesem Geschäfte betraut. Zwei ausgewählten Köchen wird das Ehrenamt übertragen, das Fleisch in den Kesseln umzurühren. Wenn das Fleisch gar gekocht ist, so wird es auf drei Arschin langen Unterlagen von Birkenruthen ausgebreitet und dabei in kleine

Stücke geschnitten. Jetzt nimmt der Schaman eine Holzschale, legt in diese Fleisch und giesst Brühe darauf, begiebt sich damit zum Opferplatze und mit dem Gesichte nach Osten gewendet, macht er den Vorfahren und Schutzgeistern der Jurte eine Libation.

Zuerst wendet er sich an Basch-tutkan (den Kopf-Halter) und spricht von sich aus folgenden Segen:

> Bei des Mondes reinem Scheine,
> Bei der Sonne hellem Glanze,
> Wenn sein altes Jahr vergangen,
> Wenn das neue Jahr begonnen;
> Bei dem Wechsel seines Jahres,
> Wenn im Herbste Alles bunt ist,
> Wenn des Rohres Kopf zerweht ist,
> Geb' ich für des Napfes Fülle,
> Für der Speise Wohlgeruch
> Kaira Kan hier diese Gabe.

Dann spricht er den Segen im Namen des Hausherrn, der dabei zu ihm tritt:

> Da sein altes Jahr vergangen,
> Da sein neues Jahr begonnen,
> Stütz' er es mit beiden Schultern,
> Heb' es auf mit seinem Scheitel!
> Stützt er's nicht mit seinen Schultern,
> Hebt er's nicht mit seinem Scheitel,
> Sei ihm eine grosse Strafe,
> Eine Strafe, die nicht endigt.
> Nimm es hin, o Kaira Kan!

Das im Napfe noch Gebliebene bietet der Schaman dem Wirthe der Jurte an, dieser isst selbst nur ein wenig, dann vertheilt der Schaman das Uebrige unter die Verwandten des Wirthes. Wenn der Napf leer geworden, so schwingt ihn der Schaman im Kreise herum und wirft ihn über die Tele hinweg. Fällt der Napf mit dem Boden nach unten, so ist dies ein Zeichen, dass das Opfer gnädig aufgenommen ist, fällt der Napf aber mit dem Boden nach oben, so ist dies ein schlechtes Zeichen, Ülgön freut sich des Opfers nicht. Trotz alledem aber hat die Feierlichkeit doch ihren Fortgang.

Während der Libation des Schamanen halten mehrere Menschen die Birkenzweige mit dem Fleische in die Höhe. Der Wirth nimmt nun den besten Theil, das Hintertheil, und bringt es dem Schaman zum Geschenke dar; dieser schneidet sich die meisten weichen Stücke ab und bietet das Uebrige einem auserwählten Gaste dar, dieser isst davon und giebt es einem anderen, bis alles Fleisch abgegessen ist, man hütet sich aber den Knochen irgendwie zu beschädigen. Das Bruststück bietet darauf der Wirth einem Ehrengaste, der wiederum etwas Fleisch abschneidet und es abermals einem anderen übergiebt, dieser einem dritten u. s. w., bis alles weiche Fleisch und die Knorpel abgegessen sind. Das übrige Fleisch wird darauf von den Knochen geschabt und in die Jurte gebracht, wo dann nach zwei Abenden die Beschwörungsfeierlichkeiten fortgesetzt werden. Einen Theil des Fleisches schneidet der Wirth noch in ganz kleine Stücke und nimmt von diesen nur wenige Stücke zwischen Daumen, Zeigefinger und Mittelfinger der rechten Hand und steckt jedem der anwesenden Gäste eine kleine Portion des Fleisches direct in den Mund. Ein Theil des kleingeschnittenen Fleisches wird in mehrere Näpfe gethan und dann durch besondere Boten den der Feier nicht beiwohnenden Verwandten oder Gästen geschickt. Dabei hat der Bote, der das Gastgeschenk bringt, die Pflicht, das Fleisch an Stelle seines Herrn mit der Hand jeder einzelnen Person in den Mund zu stecken.

Denjenigen Leuten, die bei der Tödtung des Opfers, dem Aufstellen des Taskak, wie auch bei dem Mahle Hülfe geleistet haben, wird ein Theil des Fleisches als Geschenk übergeben, und sie nehmen es mit sich nach Hause. Am meisten erhält natürlich der Schaman selbst.

Die Knochen werden nun sorgfältig gesammelt und auf Birkenreiser gelegt und dann auf das Opfergerüst (Taskak) gehoben, dort bedeckt man sie noch mit einer Schicht von Birkenzweigen und Blättern. Sie bleiben dort als der Gottheit geweiht liegen. Es würde grosses Unglück bringen, wenn nicht alle, auch die allerkleinsten Knochen, auf dem Opfergerüste sich befänden.

Am folgendem Abende beginnt abermals mit Sonnenuntergang die Opferfeierlichkeit, und zwar findet an diesem Tage die den Kern der Feierlichkeit bildende grosse Beschwörung statt.

Der Schaman tritt bei eintretender Dämmerung in die Jurte, in der schon das Feuer brennt. Er nimmt zuerst ein wenig von dem gestern gekochten Opferfleische und bewirthet damit die Herren der Trommel, d. h. die personificirt gedachte Schamanenkraft seines Geschlechtes.

Nimm du es, o, Kaira Kan!
Wirth der Trommel mit sechs Buckeln,
Komm' du klingelnd her zu mir!
Ruf ich „Tschock!" verneige dich!
Ruf ich „Mä!" so nimm es an!

Dann wendet er sich an den Wirth des Feuers, das hier in der Jurte brennt, d. h. an die personificirte Kraft des Geschlechtes des Hausherrn, der das Opfer bringt.

Nimm du es, o, Kaira Kan!
Dreissigköpf'ge Feuermutter!
Vierzigköpf'ge Mädchenmutter!
Ruf ich „Tschock!" verneige dich!
Ruf ich „Mä!" so nimm es an!

Indem der Schaman diese Worte spricht, hebt er die Schale mit beiden Händen in die Höhe, als ob er sie unsichtbaren Gästen darreiche, dann bringt er mit dem Munde ein Geräusch hervor, als ob viele unsichtbare Gäste sich versammelten; hierauf schneidet er das Fleisch in der Schale in kleine Stücke und vertheilt es gewandt unter die in der Jurte anwesenden Menschen, die die Stücke gierig hinunterschlucken; dies gehört mit zur Ceremonie, denn die geniessenden Menschen stellen hier gleichsam die essenden unsichtbaren Geister vor.

Darauf hängt der Schaman auf den vor der Jurte ausgespannten, mit Bändern behängten Strick, den sogenannten Söltü, neun Kleider aus Baumwolle, Tuch oder Seide aus; dies sind Geschenke, die der Wirth der Jurte dem Ülgön darbringt. Diese Kleider werden nun mit Wachholder geräuchert, während der Schaman singt:

Gaben, die kein Pferd kann tragen,
Alás, alás, alás!
Die kein Mann vermag zu heben,
Alás, alás, alás!
Kleider mit dreifachem Kragen,
Dreimal wendend schauet an sie!
Decke sei'n sie für den Renner,
Alás, alás, alás!
Fürst Ülgön, du Freudenvoller!
Alás, alás, alás!

Jetzt ergreift der Schaman seine Trommel mit der linken Hand und räuchert sie, dann zieht er seine Schamanenkleidung an, nimmt abermals die Trommel und hält sie schweigend über das Feuer, dass der Rauch sie von allen Seiten treffen kann. Darnach setzt er sich auf einen Schemel und beginnt die Trommel langsam und gemessen mit dem Orbu zu schlagen und mit feierlicher Stimme die Geister zu sich zu rufen. Jeder Herbeigerufene antwortet dem Schaman: „ä kam ai!" worauf er in die Trommel des Schamanen aufgenommen wird, was der letztere jedesmal deutlich durch eine entsprechende Bewegung der Trommel anzeigt. Zuerst wird Jajyk Kan, der Fürst der Meere, herbeigerufen, dann Kaira Kan, darauf Paisyn Kan, darnach in einer sehr langen Anrufung Jābyr Kan; die Anrufung des letzteren endet mit den Worten:

>Du, erhöre dies mein Flehen
>Und erfülle dies mein Bitten!
>Ruhe gieb an langen Tagen!
>Schlaf gieb in den langen Nächten!
>Gieb Versammlung, Mähnendichte,
>Nachtruh' gieb von Armeslänge,
>Ruhe gieb von tausend Häusern,
>Schlaf von tausend Feuerstellen;
>Spielend komm zu meiner Rechten,
>Die den Orbu schlagend schwingt.

Nach diesen Worten tritt der Wirth des Hauses zum Schamanen, dieser steht von seinem Sitze auf, umfasst denselben so, dass er zwischen ihn und die Trommel zu stehen kommt, und schlägt leise mit dem Orbu die Trommel, indem er singt:

>Steig' zu Pferde! führe an uns!
>Halt' nicht auf dich bei dem Engpass!
>Oeffne du des Hauses Thür!
>Stütze du das rechte Knie!
>Lehne dich an meine Knute!
>Lös' dich los mit meinem Zahne!
>Töne du mit meiner Zunge!

Hierauf ruft der Schaman die Familie Bai Ülgöns an, nachdem er den Wirth aus seiner Umarmung entlassen.

>Aller Vater, Bai Ülgön!
>Tasygan, du hohe Mutter!
>Pura Kan mit Wolkenmähne!
>Ihr neun Töchter ihm zur Rechten!
>Und zur Linken sieben Töchter,
>Reizereiche Kulai Kan,
>Du erhab'ne Kostu Kan.
>Vollmondgleiche Tüstü Kan,
>Ihr, des Ülgön schöne Töchter!

Nun nimmt der Schaman wieder auf dem Schemel Platz und beginnt, viele der mehr untergeordneten Gottheiten und Geister in seine Trommel zu rufen, da er die Fahrt in die Himmelsschichten, die er während der Beschwörung zu unternehmen hat, nicht ohne ihre Hülfe ausführen kann. Jeder einzelne Geist, den er in längeren und kürzeren Beschwörungsformeln anruft, antwortet ihm „ā kam ai!"•und tritt in die Trommel ein. Manche dieser Beschwörungen sind sehr lang und äusserst eintönig. Ich will mich daher hier darauf beschränken, nur die Reihenfolge der Anrufungen aufzuführen, die Beschwörungsformeln aber übergehen.

Zuerst ruft er den hengst-bemähnten Tö Kan, den mächtigen Mansar Kan, den Sö Kan, den Sohn des Erkin, den Pyrtschu Kan auf weissem Pferde, der es wagt sogar mit dem Ak Ülgän um die Wette zu reiten; darauf den furchtlosen Telegei, der Niemand anredet, dessen abgeschossener Pfeil durch den Felsen dringt, dessen gesprochene Worte überall hin klingen. Dann wendet er sich an die mächtigen Fürsten, die Herren des Abakan und Altai:

O, des Abakanes Helden,
Ihr in weissen, seid'nen Pelzen,
Ihr auf rothen mächt'gen Pferden,
Kommet her zu meiner Seite!
Mordo Kan, du mächt'ger Herr!
Bei des Abakanes Quelle,
Auf dem Berg mit tausend Gipfeln
Wohnest du, o Mordo Kan.
Komme jetzt an meine Seite!
Höre du o Fürst mein Wort!
Der behängt mit güld'nen Glöcklein,
Der beraubt die sechzig Helden,
Der zum Schiesskampf ausgezogen,
Altai Kan, du mächt'ger Fürst!
Der behängt mit Silberglöcklein,
Der die vierzig hat beraubt,
Der zum Ringkampf ausgezogen,
O, Altai Kan, mächt'ger Fürst!
Der durchschoss die Eisenbügel,
Väterchen, o Altai Kan!
Den kein Pferd vermag zu tragen,
Singend komm an meine Seite!

Nachdem der Schaman in derselben Weise noch viele andere Geister, wie den Oktu Kan, den Purchan Kan, den Jashyn Kan,

den Sohn des Ülgön, den erhabenen Kergädäi und den Geist
des Opfers Perbi Kan herbeigerufen und alle in seine Trommel
aufgenommen hat, schliesst er die Beschwörung mit dem Aufruf
an die Himmelsvögel Märküt:

> Himmelsvögel, fünf Märküt,
> Ihr mit mächt'gen Kupferkrallen,
> Kupfern ist die Mondeskralle,
> Und von Eis der Mondesschnabel;
> Mächt'gen Schwungs die breiten Flügel,
> Fächergleich der lange Schwanz,
> Deckt den Mond der linke Flügel,
> Und die Sonn' der rechte Flügel:
> Du, die Mutter der neun Adler,
> Der nicht irrt, den Jaik durchfliegend,
> Der ermattet nicht am Edil,
> Singend komme du zu mir!
> Spielend komm zum rechten Auge!
> Setz' dich auf die rechte Schulter!

Nach dieser Herbeirufung des Vogels Märküt ahmt der
Schaman in der Antwort die Vogelstimme nach, indem er aus-
ruft: „kagak, kak, kak! kam-ai!" Dabei drückt der Schaman
die Schulter etwas nach unten, um zu zeigen, wie schwer er
an dem mächtigen Vogel zu tragen hat. Darauf beginnt die
Beschwörung der Schutzgottheit desjenigen Geschlechtes (sök =
Knochen), zu dem der Wirth der Jurte gehört. So rufen die
zu dem Geschlechte Tölös und Mundus gehörigen Leute den
Totoi Pajan, den Herrscher des Hagels, Donners und Regens
an, und zwar durch folgende Beschwörungsformel:

> Der du wirbelst schlossengleich,
> Prasselnd wie der Hagel fällst,
> Du, des Musygan Kan's Sprössling,
> Du, mein Vater, Kem Totoi.
> Von der Seite, wo der Mond kommt,
> Kommet eine gold'ne Schrift,
> Aber von der Sonnenseite
> Kommet eine Silberschrift.
> Der den Mond du ganz umhüllet,
> Der die Sonne du verdunkelt,
> Der da hat zwölf hohe Stufen,
> Der da hat zwölf Schichten Spiele,
> Dreizehn Stangen voller Freuden.

Jemehr Geister von dem Schaman aufgenommen werden,
desto stärker schlägt er die Trommel. Dieselbe erscheint jetzt

am Arme so schwer, dass sie von der Last gedrückt hin und her zu schwanken beginnt. Jetzt endlich erhebt sich der Schaman von seinem Platze, schreitet mehrmals im Kreise um die in der Jurte aufgestellte Birke, tritt dann auf die Thüre zu und wenn er sie erreicht hat, stehen bleibend, wendet er sich demüthig an den Thürhüter (einen als gegenwärtig gedachten Geist), lässt sich dann auf's Knie nieder und verbeugt sich tief, wie vor seinem Herrn. Dann stützt er die Trommel mit der Seitenwand gegen das Knie und beginnt sie leise zu rühren, dabei schiebt er den Arm etwas nach vorn und hinten, so dass das Instrument in eine schwankende Bewegung geräth, und singt mit leisem und flehendem Tone:

> Du, du bist der weise Herr,
> Ich, ich bin der dumme Knecht;
> Du, du bist der hohe Herr,
> Ich der Sclav', der bittend hertritt.
> Welchen Fürsten soll ich anfleh'n?
> Welchen von den Herren bitten?
> Du, der Diener aller Fürsten,
> Du, der Führer aller Herren,
> Schicke du mir 'nen Gesandten,
> Dass er mir den Weg jetzt zeige!

Hierauf singt er mit veränderter Stimme als der Thürhüter folgende Antwort:

> Flehe du zu Pyrkan Tengre,
> Bitte du den Vater Pyrkan,
> Die Befehle dieses Fürsten
> Nimm du in Empfang in Demuth,
> Halte dich an Pyrkan Tengre.

Nachdem der Schaman diese günstige Antwort des Thürhüters erhalten, erhebt er sich von seinem Sitze, stützt die Seitenwand der Trommel gegen die Brust und beugt den ganzen Oberkörper dreimal mit sammt der Trommel tief herab, indem er singt:

> Dreimal fleh' ich zu dir betend,
> Du, erhab'ner Pyrkan Tengre,
> Gieb du mir jetzt gute Rede!
> Stütze mich mit deinen Knien!

Er verneigt sich abermals dreimal, dann spricht er mit demüthiger Stimme, indem er sich wiederum bittend an den Thürhüter wendet:

Stehe wachend an der Thür!
Stütz' dich auf das Kupferschwert!
Halte du die Kupferflinte!
Kommt ein Aina, jage fort ihn!
Kommt der Böse, so vertreib' ihn!
Lass' den Bösen Nichts erschauen!
Nichts verstehen den Verruchten!
Komme nicht, der innen unrein!
Trete nicht in's reine Inn're!
Lass' ihn nicht hier ein sich drängen!

Darauf verneigt der Schaman sich langsam mit der Trommel, hebt dieselbe plötzlich von der Brust, so dass ein lautes Geklapper und Geklirr der Eisenstücke zu hören ist, tritt darauf schnell in die Mitte der Jurte und beginnt jetzt, von Begeisterung erfüllt, mit rauhen und kräftigen Bewegungen des rechten Armes die Trommel zu schlagen und durch ruckweises Stossen des linken Armes gleichzeitig ein heftiges Rasseln hervorzubringen. Dabei macht er mit dem Oberkörper allerlei zuckende Bewegungen und stösst ein unverständliches Murmeln hervor. Jetzt tritt der Wirth der Jurte an den Tapty heran, der Schaman schlägt ihn leicht mit dem Orbu und fährt ihm dann mit der Breitseite desselben der Quere nach auf dem Rücken hin und her. Seine Bewegung des Abreibens soll bildlich die Reinigung der Seele, die nach Ansicht der Altajer sich im Rücken befindet, darstellen und allen Einfluss des Erlik entfernen. Dabei singt er:

Zieh' den Pfeil, den abgeschoss'nen!
Nimm ihn, mein geschickter Bote!
Kehr' zurück nicht sechzig Jahre!
Bleibe ferne siebzig Jahre!
Nimm den abgeschoss'nen Pfeil!
Nimm ihn schneller von hier fort,
Als des Stromes Wasser fliessen!

Darauf umarmt er den Wirth und die Wirthin, ebenso wie die Kinder und nahen Anverwandten so, dass beim Umarmen sich die Trommel vor der Brust des Umfassten befindet, während der Orbu hinter seinem Rücken ist. Durch diese Umarmung im Namen des Pyrkan Tengre reinigt er sie mit Hülfe aller in der Trommel versammelten Geister von allem Uebel und Unglück, das ihnen von Seiten der Bösen zugefügt werden könnte. Alsdann begeben sich die Gereinigten wieder zu ihrem Platze, der Schaman tritt aber schnell auf die Thüre zu, hält gegen diese die Trommel und schlägt heftig mit dem Orbu dagegen, um auf diese Weise das bei der Umarmung mit der Trommel und dem Orbu den Wirthsleuten abgenommene Uebel durch die Thür in die Ferne zu jagen, dabei befiehlt er dem Uebel, in gerader Richtung den von ihm bezeichneten Weg fortzuziehen und nicht wieder zu kommen, indem er mit langsamer Stimme singt:

>Tschok! Tschok!
>Weich' nicht vom gekomm'nen Wege!
>Weich' nicht vom durchschritt'nen Wasser!
>Fliege über's Steingebirge!

Darnach spricht er, zum Wirthe gewendet, indem er leise die Trommel rührt:

>Gold'ne Kraft, gleich einem Rosshaupt,
>Dringe jetzo in dein Rückgrat!
>Braune Kraft, gleich einem Schafhaupt,
>Dring' in deine Rückenwirbel!

Nun tritt er wieder an den Wirth heran, hebt die Trommel auf und hält sie dicht an das Ohr des Wirthes, schlägt dann mehrmals heftig mit dem Orbu gegen die Trommel und lässt auf diese Weise die Seele und Gewalt der Vorfahren des Wirthes ihm in's Ohr dringen, damit er so im Stande sei, die später ausgesprochene Voraussagung des Schamanen zu vernehmen und richtig zu verstehen. Dann tritt er vor den Wirth, die Wirthin und die übrigen Glieder der Familie und thut, als ob er jeden in einen Panzer hülle und jedem eine Mütze aufsetze, geht darauf schnell zum Feuer zurück, tritt an den Tolu heran, bückt sich schnell mit der Trommel nieder und thut, als ob er etwas schnell von der Erde unterhalb des Tolu mit Orbu und Trommel erfasse und aufhebe. Alles dies vollführt der Schaman mit grosser Schnelligkeit und Präcision bei starkem Trommelschlage und lautem Rufen. Jetzt verlassen die Kinder und Furchtsamen die Jurte. Der Schaman aber geräth in der Folge immer mehr in Extase, er springt wild umher und stösst und tritt mit den Füssen diejenigen der Zuschauer, die sich unvorsichtig vorbeugen oder vordrängen. Die Tolu umfassend, tritt er plötzlich mit dem einen Fuss auf die erste Stufe des Tapty, hebt die Trommel in die Höhe, schlägt mit aller Macht gegen sie mit dem Orbu und ruft unter heftigem Gerassel mit lauter

Stimme: „tschok! tschok!" Durch alle diese Bewegungen will er andeuten, dass er sich jetzt zum Himmel erhebe.

 Hoch, hoch, auf!
 Tolu, die den Mann nicht trägt,
 Hoch, hoch auf!
 Tolu und der Toluträger.
 Pferdchen und der Pferdehalter,
 Hoch, hoch, auf!
 Gold'ner Strick und gold'ner Taskak,
 Gold'nes Lager, gold'ne Stange,
 Hoch, hoch, auf!

Darauf tritt der Schaman von der ersten Stufe herab, setzt sich schnell auf die Erde und stösst mit der Trommel heftig gegen dieselbe, dass es laut rasselt, dann drückt er sie mit dem Orbu und schlägt dreimal heftig gegen sie; wieder springt er schnell auf die Füsse und ruft mit lauter Stimme: „Sieh', ich habe sie durchstossen!" Darnach läuft er, in noch heftigere Extase versetzt, mit starkem Trommelschlage und Gerassel um den Tapty und um das Feuer herum, um seine Freude darüber auszudrücken, dass er in den Himmel gelangt ist. Indem er den hier weilenden Donner und Blitz nachahmt, ruft er mit lauter Stimme und unter Gerassel der Trommel:

 Schagarbata! Schagarbata! Schagarbata!

Dann läuft er schnell zu dem Schemel, auf den eine Satteldecke gelegt ist und der die Seele des Opferthieres Pura vorstellen soll, setzt sich schnell auf diese und ruft:

 Bin erstiegen eine Stufe,
 Aihai, aihai!
 Eine Schicht hab' ich erreicht.
 Schagarbata!
 Hab' des Tapty Kopf erklettert,
 Schagarbata!
 Bis zum Vollmond mich erhoben,
 Schagarbata!

Der Schaman geräth immer mehr in Verzückung, springt immer wilder umher und rührt die Trommel immer stärker, denn er eilt jetzt zum zweiten Himmel; dabei spricht er zum Opferthiere:

 Wende dich zum klaren Himmel!
 Lasse deine Füsse spielen!

Unter Blitzen, unter Donner
Zum Ülgön, zum Vater Pyrkan,
Zu dem Himmelsfürsten rausche!

Die Seele des Baschtutkan (des Kopfhalters) befindet sich bei der Pura; auf diesen Zuruf antwortet der Schaman mit veränderter Stimme als Baschtutkan:

                     Ülgön's Weg ist ja beschwerlich!
                     A, ho, ho!
Der Schaman: Lasse schiessen Pura's Zügel!
Der Baschtutkan: Ülgön's Weg ist mühevoll!
Der Schaman: Halte nicht der Pura Maul fest!

Nachdem der Schaman so die Pura und den Baschtutkan zur Eile angetrieben, läuft er noch einmal schnell um den Tapty herum, bleibt plötzlich wieder vor ihm stehen und stellt den einen Fuss auf den zweiten Einschnitt des Tapty. Dann setzt er sich wieder auf den Boden, stösst abermals mit der Trommel gegen die Erde, zum Zeichen, dass er jetzt den Boden der zweiten Himmelsschicht durchbrochen, und ruft:

        Hab' den zweiten Grund durchbrochen,
        Hab' die zweite Schicht erstiegen,
        Seht, in Trümmern liegt der Grund.

Darauf singt er wiederum, Blitz und Donner nachahmend:

        Schagarbata! Schagarbata!
        Hab' zwei Stufen jetzt erstiegen.
        Schagarbata!
        Mich zwei Schichten hoch erhoben.
        Schagarbata!
        Hab' des Tapty Kopf erklettert,
        Schagarbata!
        Hab' zum Vollmond mich erhoben,
        Schargarbata!

Nachdem er ganz wie vorher jetzt die Pura und den Baschtutkan angefeuert und ein völlig ähnliches Zwiegespräch gehalten hat, steigt er in derselben Weise zur dritten Himmelsschicht empor, deren Grund er symbolisch durchbrochen hat. Im dritten Himmel nun beginnt das Opferthier zu ermatten, daher überlässt der Reiter dasselbe allein der Fürsorge des Baschtutkan und schickt diesen langsam voraus. Nun ruft der Schaman die Gans herbei, um, nachdem er sie bestiegen, auf ihr reitend die vorausgeschickte Pura und den Baschtutkan wieder einholen zu können. Er ruft die Gans mit folgenden Worten herbei:

> Die am Jajyk sich nicht irrt,
> Gans, du mit dem harten Schnabel!
> Ungai gak gak, ungai gak!
> Die am Edil nicht ermüdet,
> Gans, du mit dem harten Schnabel.
> Ungai gak gak, ungai gak!
> Komme singend jetzt zu mir!
> Spielend komm zum rechten Auge!
> Setz' dich auf die rechte Schulter.

Mit veränderter Stimme ruft der Schaman, die Gans nachahmend:

> Kagak, Kagak! Kam, da bin ich!

Darauf erhebt sich der Kam, thut als ob er die Gans besteige, schreitet alsdann langsam vorwärts, indem er dazu leise singt und beide Arme gleichsam wie Flügel bewegt, um dadurch den Flug der Gans nachzuahmen. Hierbei rührt er ganz sacht die Trommel. Während er thut, als ob er auf der Gans davonflöge, deutet er mit Zeichen an, dass die Reise sehr schwierig ist, und schneidet allerlei Grimassen, die seine Ermattung andeuten sollen.

> Breite aus den rechten Flügel!
> Yn, yn, yn!
> Biege ein den linken Flügel!
> Yn, yn, yn!
> Ziehe ein die Flügelknochen!
> Yn, yn, yn!
> Schlage du mit deinen Flügeln!
> Yn, yn, yn!
> Flattre du mit deinen Flügeln,
> Ziehe hin zum hohen Himmel!
> Yn, yn, yn!
> Oberhalb der weissen Wolken,
> Dorthin, wo der Himmel weiss ist,
> Yn, yn, yn!
> In den Schooss des weiten Aethers,
> Wo man eines Monats Weg sieht,
> Yn, yn, yn!
> In den Schooss des blauen Aethers,
> Oberhalb der blauen Wolken,
> Yn, yn, yn!
> Du, mein weisses, liebes Pferdchen,
> Sag', wann werd' ich dich erreichen?
> Yn, yn, yn!

Der Schaman ruft nun die die Pura begleitenden Leute mit dem Rufe „He! he!" an und antwortet mit verstellter Stimme „O! o! kam-ai!" Endlich erreicht der Reiter die Pura. Dann wendet er sich mit seinem Gesange an den Baschtutkan, drückt die Trommel an seine Brust, schlägt sie ganz leise mit dem Orbu und spricht mit heller, die Gans nachahmender Stimme:

>Der das Rösslein du bestiegen,
>Bist du gut hierher gelangt?
>Ungai gak gak, ungai gak!
>Ihr beim Tolu schauet alle!
>Ihr vom Taskak schauet alle!
>Ihr beim Rosse schauet alle!
>Ihr beim Füllenstrick schaut alle!
>Ungai gak gak, ungai gak!
>Der das Rösslein du bestiegen,
>Bist du gut hierher gelangt?
>Ungai gak gak, ungai gak!
>Knecht, der du des Rosses Kopf lenkst,
>Bist in Frieden her gelangt du?
>Ungai gak gak, ungai gak!

Da die Gans jetzt ihren Dienst gut ausgeführt und die Pura und den Baschtutkan eingeholt hat, so entlässt sie der Schaman nun wieder, indem er singt:

>Gans! trink' aus dem Milchsee jetzt!
>Suche Speis' am Sürö-Berg!
>Gans! komm' stets, wenn ich dich rufe,
>Sag' ich: „he!" so sprich' du auch: „he!"
>Ruf' ich: „au!" so ruf du auch: „au!"
>Höre stets auf meine Worte!

Um die Gans anzutreiben, hebt der Schaman seine Trommel in die Höhe, schlägt mit Kraft gegen dieselbe und stösst mit dem Munde einen unartikulirten Ton hervor, der das Auffliegen der Gans bezeichnen soll. Alsdann wendet er sich an den Baschtutkan, indem er stehen bleibt und den Körper nach beiden Seiten biegt. Dabei hält er die Trommel gegen die Brust und singt mit starker und fröhlicher Stimme:

>Knecht, der du des Rosses Kopf lenkst,
>Sprich du jetzt, die Stimm' erhebend!

Darauf die Stimme verändernd, singt er mit weinerlichem Tone, indem er die Stimme des Baschtutkan nachahmt:

Will von hier zurück mich wenden,
Väterchen Schaman!
Mir thun weh die Rückenwirbel,
Väterchen Schaman!
Und es schmerzen mir die Rippen,
Väterchen Schaman!
Losgelöst sind meine Knochen,
Väterchen Schaman!
Sind getrennt die Seitenknochen,
Väterchen Schaman!
Ausgetreten ist mein Auge,
Väterchen Schaman!
Sieh', mein Weib, es blieb zurück,
Väterchen Schaman!
Auch mein Vater, der ernährt mich,
Väterchen Schaman!
Hätt' ich doch dies Land geseh'n nicht!
Väterchen Schaman!
Nicht betreten diesen Weg,
Väterchen Schaman!
Will von hier zurück mich wenden,
Väterchen Schaman!
Will zu meiner Jurte gehen,
Väterchen Schaman!

Hierauf antwortet der Schaman mit seiner eigenen, dieses Mal sehr streng klingenden Stimme, indem er die Trommel an die Brust drückt und kräftige Schläge darauf fallen lässt:

Lass' des Ülgön Busen schauen!
Lass' den Weg uns zu ihm nehmen!
A, ho, ho! hoho!

Und mit des Baschtutkans Stimme führt er weinend fort:

Will nicht kommen, sagte ich,
Väterchen Schaman!
Habe eine Mutter, sprach ich,
Väterchen Schaman!
Sieh', es schickte mich die Mutter,
Väterchen Schaman!
Fleisch wird man dir geben, sprach sie,
Väterchen Schaman!
Fleisch zu nehmen kam ich her,
Väterchen Schaman!
Sieh, der volle Huf ist wund
Und gespalten ist die Krone!
I, i, i, i! (weint)
Mi, mi, mi, mi!
Abgerieben sind die Hufe!
I, i, i, i!

Wundgerieben ist der Hals.
Väterchen Schaman!

Nachdem der Baschtutkan sich so zu rechtfertigen gesucht hat, hält der Schaman an und unterbricht die Weiterreise. Er schaut sich um und berichtet den Zuhörern, was er hier in der dritten Himmelsschicht erblickt oder zu hören bekommt, alles was auf das Leben der Menschen Beziehung hat und ihnen daher erwünscht zu hören ist, z. B. über das Wetter, welches bevorsteht, über Krankheiten und Seuchen, die drohen, oder ob ihm hier ein anderer Kam begegnet, was er von diesem erfährt oder mit ihm spricht, oder er spricht von Unglücksfällen, welche die Nachbarn bedrohen, von Opfern, die von Leuten der Umgegend darzubringen sind, u. s. w. Wird z. B. ein Schneefall bald beginnen, so sagt er:

Sich', der Birkenwipfel senkt sich,
Jeder Zweig biegt sich hernieder.
Weisser Nebel sinkt nach unten,
Blitze zucken blendend, leuchtend.
Winterreif senkt sich herab.

Wenn der Schnee thauen wird, so kündigt er dies in folgender Weise an:

Sich', der Birkenwipfel senkt sich,
Gelbes zieht sich drüber hin.

Wenn ein heftiges Regenwetter eintreten wird, so ruft er:

Kara Schurla mit sechs Stäben
Tröpfelt auf die Niederung,
Nichts mit Hufen kann sich schützen,
Nichts mit Krallen kann sich halten.

Dergleichen Wahrsagungen werden nicht nur an dieser Stelle gethan, sondern können in jeder beliebigen Himmelsschicht und bei den verschiedensten Gelegenheiten geäussert werden, wie es eben der Schaman für passend findet.

Nachdem der Baschtutkan sich nun ausgeweint und ausgeruht hat, wendet er sich mit folgenden Worten an den Schamanen:

Ja, ich will nun weiter reiten!
Will Ak-Ülgöns Tochter nehmen!

Diese Rede Baschtutkan's wird jetzt vom Schamanen mit nochmals veränderter Stimme durch einen Diener des Schamanen

Karakusch (schwarzer Vogel) unterbrochen, indem dieser beim
Baschtutkan die Pfeife zum Rauchen erbittet:

> Weisser Rauch ist mir jetzt sichtbar
> Wohl von eines Tagwegs Strecke,
> Wohl von einem Monat Weges
> Fällt der Rauch mir in die Augen.
> Deine Pfeife aus drei Gliedern
> Reiche sie mir, Baschtutkan.

Baschtutkan reicht die Pfeife dem Karakusch. Der Schaman aber, welcher die Pfeife in der Hand hält, sieht sie von allen Seiten ängstlich an, indem er sie langsam mit zwei Fingern herumdreht, als ob er fürchte, dass sie ihn beisse. Plötzlich hebt er sie in die Höhe und betrachtet sie wieder, schnaubt aber dann erschreckt auf wie ein Pferd und schreit: „ki-gilik!" Mit der einen Hand hält er die Pfeife als Baschtutkan und singt darauf mit der Stimme Kara-kusch's:

> Ist gestählt der schwarze Panzer,
> Umgehängt das Panzerhemd,
> Dunkler Hund mit gold'nen Ohren,
> Wehe, er ist lang gestreckt.
> Mund und Nase lecket er,
> Hörest du, o Kara-kusch,
> Ziehe ich nicht, ziehet er,
> Ki-gilik! Ki-gilik!

Nunmehr nimmt der Schaman die gleichsam vom Baschtutkan gereichte Pfeife und raucht als Kara-kusch, indem er die Pfeife nicht mit den Händen berührt. Dann ruft er: „Au! au! au!" und wirft die Pfeife fort. Jetzt steigt er mit dem einen Fusse auf die vierte Stufe des Tapty und singt:

> Auf stieg ich zum Tapty-Gipfel,
> Hab' erreichet nun den Vollmond,
> Hab' vier Stufen jetzt erstiegen,
> Segnen mög' der Himmelsfürst mich.

Wieder herabspringend, setzt er sich auf den Boden und durchstösst, wie er früher gethan, auch dieses Mal die die dritte und vierte Himmelsschicht trennende Feste, läuft vier Mal um das Feuer und stellt wiederum Donner und Blitz vor.

> Ai, hai, hai!
> Schagarbata, Schagarbata!
> Hab' durchstossen vier der Schichten,
> Sie erschütternd stieg empor ich,

Schagarbata, Schagarbata!
Segne du im Tagesumkreis,
Alles Volk im Monatsumkreis.
Schagarbata!
Du, mein Ross, das dieser reitet.
Schagarbata!
Reitet Wett' mit Himmelsfürsten.
Schagarbata!

Wiederum zürnt der Schaman dem Baschtutkan, dieser aber antwortet ihm mit weinerlicher Stimme:

> Welches sonnenreiche Land!
> Dieses ist ein schönes Land!
> Hier möcht' gerne wohnen ich!
> Hier möcht' gerne leben ich!
> Dichter Bergwald ist gewachsen,
> Voll vom Wilde ist der Wald,
> Fröhlich möchte hier ich leben!
> Heim will ich von hier nicht kehren,
> Väterchen Schaman!

Im vierten Himmel stellt der Schaman dar, wie der Kara-kusch einen Kukuk jagt. Der Schaman lässt zuerst die Stimme des Kukuks ertönen, als ob sie aus weiter Ferne klinge, dann laut und lauter: Kukuk! Kukuk! Den Kara-kusch vorstellend, hebt er die rechte Hand zu den Augen, sieht sich nach allen Seiten um, schaut nach oben und unten, nach rechts und links; da er aber trotz aller Bemühungen den Vogel nicht entdecken kann, reibt er sich die Augen und singt:

> Wehe dir, o Kara-kusch!
> Ist zum Himmel er geflogen?
> Oder in die Erd' gesunken?
> Meine Flint', die siebenzüg'ge,
> Möchte auf ihn ab ich feuern,
> Treffen mitten in den Leib ihm;
> Ist er auf der Birke Zweige
> Oder auf des Tapty Wipfel?

Um das Schiessen des Kara-kusch darzustellen, hält er die Trommel in horizontaler Lage so vor seine Augen, dass er grade die Oberfläche des Trommelfelles sehen kann, dann schiebt er den Orbu mit einem Ruck über die Trommel fort und schreit „au"! indem er den Schall des Abschiessens nachahmt. Hiernach steigt er mit dem einen Fuss auf die fünfte Stufe und singt:

> Fünf der Tapty nun erstieg ich,
> Bin fünf Gipfel hoch geklettert,
> Habe nun erreicht den Vollmond,
> Segne uns, o Himmelsfürst.

Nachdem er von der Stufe herabgesprungen, läuft er in voller Extase fünf Mal trommelnd um das Feuer und durchbricht in vorher erwähnter Art unter Schagarbata-Rufen, Blitz und Donner darstellend, den Boden der fünften Himmelsschicht. Hier im fünften Himmel wohnt nun der mächtige Jajutschi (der höchste Schöpfer), zu ihm begiebt sich jetzt der Schaman und singt, indem er langsam und feierlich die Trommel schlägt, mit melodischer Stimme:

> Ai-a, hai, hai, hai!
> Ülgön's Sohn, du Kergedäi,
> Adam's Sohn, du Kan Pyrkan,
> Ashyn Kan, des Himmels Sohn,
> Kommet singend mir zur Seite!
> Kommet helfend her zu mir!
> Wartet bei des Fürsten Thür!
> Ai-a, hai, hai, hai!

Jetzt hat der Schaman die Jurte des Jajutschi erreicht, er tritt sogleich durch die Thür ein und indem seine Stimme einen feierlichen und ehrerbietigen Ton annimmt, singt er leise, nur sanft an die Trommel schlagend:

> Jajutschi im fünften Himmel,
> Milchsee, der vom Schmutze reinigt,
> Tapkai, der den Nabel schneidet,
> Innigst bet' ich Jajutschi-Fürst.

Mit lauter, drohender Stimme antwortet der Schaman auf seine Bitte nun selbst als Jajutschi:

> Sag', von wem bist du gekommen?
> Wessen Nachkomm' bist du, sprich!
> Jeder Mensch hat einen Namen,
> Jedes Wild hat seine Haarfarb',
> Nenn' den Namen und den Weg mir!
> Was da Flügel hat, das fliegt,
> Was da Krallen hat, das läuft,
> Dem Geruche folgt der Käfer,
> Von wo kommest du hierher?
> A, a, i! a-i!

Wie durch die zornige Stimme des Jajutschi erschreckt springt schnell der Schaman, gleichsam um sich zu retten, nach rückwärts, dann geht er demüthig mit ganz kleinen Schritten wieder vorwärts und spricht unter vielen und tiefen Verbeugungen, mit einschmeichelndem Tone: „Hör', ich flehe, Jajutschi." Der Jajutschi unterbricht das Gebet, indem er heftig „A! a! i!" schreit. Da bleibt der Schaman stehen, der Jajutschi aber fährt zornig fort:

> Du bewegest meine Thür,
> Machst erklingen meine Ohren,
> Kitzelst meine rechte Sohle,
> A, a, i! a-i!

Wieder nähert sich ihm der Schaman in Demuth und bittet, sein Gebet zu erhören. Der Jajutschi unterbricht aber seine Rede noch einmal mit der Frage:

> Sag', von wem bist du geblieben?
> Wessen Nachkomm' bist du, sprich?

Ihm antwortet der Schaman, indem er sich wiederum ehrfurchtsvoll verneigt und dabei die Trommel an die Brust drückt:

> Von wem soll ich sein geblieben?
> Wessen Nachkomm' soll ich sein?
> Vater-Fürst, o Jajutschi,
> Mutter-Fürst, o Jajutschi,
> Bin vom Kara Kam geblieben,
> Bin des grossen Kames Nachkomm'.
> Nachkommen des Testü Kam,
> Nachkommen des Utschuktschi,
> Nachkomm' eines Zeichendeuters,
> Darum höre Jajutschi,
> Du Erhab'ner, jetzt mein Flehen.
> Komm' hierher zu deinem Hause,
> Dir die Bitte vorzutragen,
> Eine Frage dir zu thun,
> Dir Verehrung darzubringen:
> Bin vom Tschomtscho Kam geblieben,
> Komme her vom Kam Sarga,
> Singend geh' ich zu Ülgön,
> Du, erkenne meine Trommel.
> Hör' mein Flehen, Jajutschi.

Nachdem der Schaman sich abermals tief verneigt hat, wird er endlich vom Jajutschi freundlich aufgenommen. Er tritt nun in's Haus mit Jajutschi und im Gespräche mit diesem erhält er vom Gegenwärtigen und Zukünftigen mancherlei Kenntniss. Alles was er erfährt, darf er nicht mittheilen, er murmelt es nur undeutlich vor sich hin. Deutlich nur theilt er einige Weissagungen mit. Zuerst überbringt er dem jüngsten Sohne folgende Rede des Jajutschi:

> Dieses Kind hab' ich geschaffen,
> Reich wird es an Kleidung sein,
> Ackern wird es auf dem Hügel,
> Länger wird sein Füllenstrick,
> Breit wird ihm der schmale Körper,
> Voll von Pferden wird ihm einstens
> Die gewalt'ge Heerde werden,
> Voll von Seelen seine Jurte.

Dann übergiebt er dem mittleren Sohne folgende Rede des Jajutschi:

> Der beschenkt sich hat mit Fürsten,
> Unterlieg' nicht den Bewangten,
> Nicht dem Mann mit breiten Schultern!
> Lange mög' dein Leben dauern!
> Deine Tage kurz nicht werden!
> Stark an Kräften mög' er sein!
> Wie ein Panzer sei sein Rock,
> Durch die Sterne schiess' den Pfeil er,
> Seine Rache mög' er nehmen,
> Seiner Feinde böse Schaar
> Sterbe wimmernd wie die Hunde,
> Sterbe blökend wie die Schafe.

Zuletzt übergiebt er das vom Jajutschi über den ältesten Sohn Ausgesagte:

> Dieses Kind hab' ich geschaffen,
> Sind nun fünfundzwanzig Jahre,
> Dass ich segnend es vollendet,
> Möge er die reiche Habe
> Sich von allen Seiten raffen,
> Spenden auch nach allen Seiten;
> Keine Rede zu ihm dringend
> Mög' von vorne ihn besiegen,
> Keine Ruth' ihn hinten treffen,
> Vierzig Jahr' soll er noch leben,
> In die Brust treff' dich kein Pfeil,
> Niemand packe dich beim Kragen;
> Hänge dich an keinen Bösen!
> Sei des Volkes Friedensstifter!
> Sei am Pelze du der Knopf!
> Leb' noch über fünfzig Jahre!

Bei dem Beginne der Wahrsagung werfen die Familienglieder ihre Mützen unter die Trommel. Nach jeder Wahrsagung hebt der Kam die Trommel etwas in die Höhe und schlägt sie mit dem Orbu. Ist die Voraussagung unheilvoll, so fallen die Mützen aus der Trommel heraus, ist sie heilverkündend, so zieht jeder seine Mütze so schnell als möglich aus der Trommel hervor und drückt sie zusammen, damit das Glück darin verharre. Nachdem alle Weissagungen geschehen, verneigt sich der Schaman wiederum vor dem Jajutschi, währenddem er singt:

> Hör' mein Flehen, Jajutschi,
> Sieh' mich an mit rechtem Auge,
> Gieb mir deinen rechten Segen.

Während der Schaman den vierten und fünften Himmel erreicht, hat die Pura sich ausgeruht und bittet nun den Schaman, ihn zu tränken:

> In dem schönen Sonnenlande
> Ist 'ne gute Tränkestelle,
> Diese zeigt sich meinem Auge!
> O, Schaman!
> Ma-ák, Ma-ák, Ma-ák!

Als Baschtutkan nimmt nun der Schaman eine Schale mit Wasser und pfeift, damit die Pura trinken möchte. Der Kam stellt in seinen Bewegungen dabei die Pura vor, er schnauft laut und schlägt aus, trinkt aber doch zuletzt. Nachdem er getrunken, fasst er die Schale mit den Zähnen und wirft sie mit der Trommel in die Höhe, dann fängt er sie als Baschtutkan auf und räuchert sie mit Wachholder.

Darauf erhebt sich der Schaman zum sechsten Himmel; nachdem er auf die sechste Stufe getreten und den Boden durchbrochen, läuft er sechs Mal um das Feuer, ganz unter denselben Gesängen wie früher. Da hier im sechsten Himmel der Mond wohnt, so verneigt er sich vor diesem ehrfurchtsvoll, indem er singt:

> Hör' mein Flehen! Hör' mein Flehen!
> Vater Mond, im sechsten Himmel!
> Hör' mein Flehen! Hör' mein Flehen!

Nach diesen Worten läuft der Schaman in Extase drei Mal um den Tapty herum und verneigt sich darauf drei Mal nach Osten. Da erblickt er plötzlich einen entfliehenden Hasen und schickt sogleich nach ihm seinen Diener Kuruldak aus:

> Kuruldak, beeile dich,
> In dem grauen Weidenbusche
> Hat der Graue sich verborgen.
> Tschu-u-uk!

Kuruldak, der vergebens nach dem Hasen gesucht hat, was auch der Schaman durch Pantomimen angedeutet, antwortet mit veränderter Stimme:

> Wehe! Wehe!
> In zwei Wäldern sich verbarg er.
> In drei Wäldern sich verbarg er.
> U, u! wehe, wehe!

Darauf führt der Schaman eine neue Figur als handelnd ein, indem er abermals die Stimme wechselt, nämlich einen gewissen Kereldäi, der jetzt den Kuruldak neckt und seine Stimme nachäffend dem Kuruldak zuruft:

> Téte, téte, téte-té!
> Ei, ei, ei! mein Alter!
> Wa-as ist geschehen nur,
> E-es wackeln seine Ohren,
> Es erhitzet sich sein Bauchfell.

Indem er auf die Pura deutet, fährt er fort:

> Sieh', sein Schwanz schwingt hin und her,
> Ist lebendig nicht dein Pferd?
> Wa-a-as ist dir nur, Alter?
> Ei, ei, ei! mein Alter!
> Sieh', der Has'! ist in der Nied'rung,
> Hat sich im Gebüsch verborgen,
> Tschu-u-uk!

Bei dem letzten Ausrufe schwenkt der den Kereldäi vorstellende Schaman den Orbu von unten nach oben. Dann ändert er die Stellung und Stimme und stellt den den Hasen verfolgenden Kuraldak vor und ruft:

> U, u, u!
> Hat zwei Wäldchen jetzt durchlaufen,
> U, u, u!
> Hat drei Wäldchen jetzt durchlaufen,
> Wehe, wehe, weh!
> Häschen, bleibe du nicht drinnen!

Trotz alles Schimpfens des Kereldäi gelingt es dennoch nicht, den Hasen zu fangen. Da erhebt sich der Schaman in früherer Weise zum siebenten Himmel, und nachdem er unter Blitz und Donner den Boden durchbrochen und sieben Mal um den Tapty herumgelaufen ist, verneigt er sich vor der im siebenten Himmel wohnenden Sonne, ehrfurchtsvoll die Trommel an die Brust drückend:

> Hör' mein Flehen, meine Bitte,
> Mutter Sonne, die hier wohnt!
> Hör' mein Flehen, mein Gebet!

In ähnlicher Weise, unter allerlei Zufällen, vorgestellten Scenen, Gebeten, Weissagungen, Erzählungen, Segensworten u. s. w. ersteigt und durchbricht der Kam den achten und neunten Himmel; je mehr Macht der Kam besitzt, desto höher kann er steigen; so giebt es Kame, die bis zum zehnten, elften, zwölften Himmel und noch höher sich zu heben vermögen, diese Kraft aber besitzen nur sehr wenige. Nachdem nun der Kam die höchste Stelle erstiegen, zu der ihn seine Kraft zu heben vermag, so ruft er den Ülgön selbst an, indem er sich mit folgendem Gebete an ihn wendet; dabei senkt er die Trommel, schlägt sie leise mit dem Orbu und verneigt sich in Demuth:

> Fürst, zu dem drei Leitern führen,
> Bai Ülgön, mit den drei Heerden,
> Blauer Abhang, der erschienen,
> Blauer Himmel, der sich zeiget,
> Blaue Wolke, die dahinschwebt,
> Blauer Himmel unerreichbar,
> Weisser Himmel unerreichbar,
> Jahreweite Wasserstelle,
> Vater Ülgön, Dreierhab'ner,
> Den des Mondbeils Schneide meidet,
> Der den Pferdehuf benutzet.
> Alles Volk erschufst du, Ülgön,
> Was da lärmend uns umgiebt,
> Alles Vieh verliehst du, Ülgön,
> Uebergieb uns nicht dem Unheil!
> Lass' uns widerstehn dem Bösen!
> Zeige uns nicht dem Körmös!
> Gieb uns nicht in seine Hand!
> Der den sternenreichen Himmel
> Tausend, tausend Mal gewendet,
> Richte du nicht meine Sünden.

Vom Ülgön aber erfährt der Schaman, ob das Opfer günstig aufgenommen ist oder nicht, auch erhält er von ihm die besten

Weissagungen über Beständigkeit und Wechsel des Wetters, Missernte, Misswachs und ob Ülgön noch weitere Opfer, und was für welche er erwartet oder fordert. In Bezug der letzteren Forderung giebt der Schaman stets gute Auskunft und bezeichnet oft diesen oder jenen Nachbar, von dem ein Opfer verlangt wird. Nicht selten nennt er auch Farbe und Form des Opferthieres. Es scheint, als ob der Schaman hierbei stets in seinem Interesse wirke, da der Eigenthümer des geforderten Thieres meist sich scheut, die Forderung des Ülgön unerfüllt zu lassen.

Nach der Unterredung mit Ülgön geräth der Schaman in die höchste Extase, bis er zuletzt ganz ermattet zusammenstürzt. Dann tritt der Baschtutkan an ihn heran und nimmt die Trommel und den Orbu aus den Händen des Schamanen, der noch zuletzt drei Mal mit den Fingern an die Trommel knipst und mit dem Kopfe zuckend und die Hände wie zum Trommelschlag bewegend vor sich her brummt „a-a-a-a-a! i-i-i-i!" bis er zuletzt ganz still sitzt, ohne auch nur ein Glied zu rühren. Nach einer Weile, während noch in der Jurte allgemeines Schweigen herrscht, reibt er sich die Augen, streicht sich die Haare glatt, streckt und reckt die Hände und ringt sein von Schweiss triefendes Hemd aus. Dann sieht er sich langsam im Kreise um und begrüsst sich mit den Umstehenden mit den Worten: „Esän-salam! Esän-salam!"

Die Opferfeierlichkeit endigt oft mit dieser zweiten Beschwörungsscene, meistens wird aber noch eine dritte Nacht der Feierlichkeit gewidmet, besonders bei reicheren Leuten. Der dritte Act der Opferfeierlichkeit besteht in den Libationen von Getränken und in einem grossen Zechmahle, wobei riesige Schläuche Kumys, Milchbranntwein und bei den nördlichen Schamanisten (Teleuten und Schoren) viel Gerstenbier vertilgt werden.

Die zu solcher Zechfeierlichkeit nöthigen Getränke werden schon vor dem Aufstellen der Opferjurte bereitet und Niemand darf es wagen, dieselbe vor der Beendigung der zweiten Opferfeierlichkeit zu berühren. Jetzt erst bringt man das nöthige Getränk in die Opferjurte. Die Frauen richten alles zu dieser Feierlichkeit Nöthige her, sie bedecken den Boden der Jurte rings mit Teppichen und zünden am Abend (nach Sonnenuntergang) des dritten Tages ein Feuer neben dem Tapty an.

Dann holt man von der Opferstelle 9—12 Schöpfkellen aus Birkenrinde und füllt ebenso viel chinesische Holzschalen mit Airan. Diese Holzschalen werden nun um das Feuer gestellt und hinter jede Schale stellt sich eine Person. An der äussersten rechten Flanke links von der Thür der Schaman, dann der Baschtutkan, dann der Hauswirth und dann alte Leute aus der Nachbarschaft, in deren Familien während der letzten Jahre Niemand gestorben ist. Jeder der so Aufgestellten schöpft mit dem Schöpflöffel etwas Airan aus der Schale und dann spritzen Alle auf einmal unter dem Ausrufe „Tschek" den Airan gegen den Tapty. Drei Mal wird dieser Ruf und die Libation wiederholt. Darauf werfen alle zwölf die Schöpflöffel in die Höhe. Wenn die Löffel zur Erde gefallen sind, betrachtet man genau ihre Lage. Liegt der Löffel mit dem Boden nach oben, so bedeutet das kein Glück während des nächsten Jahres für den Werfenden, während die umgekehrte Lage Glück und Segen verheisst. Jetzt wird die Schale wieder gefüllt und alle bemühen sich, diese Schale so schnell wie nur irgend möglich auszutrinken. Der Schaman aber wirft, nachdem er seine Schale geleert hat, dieselbe durch die Thüre in's Freie. Die Lage dieser Schale lässt Schlüsse über das zukünftige Glück oder Unglück des Opfergebers machen und zwar in der gleichen Weise, wie die Lage der hingeworfenen Schöpfkellen.

Nachdem diese Ceremonie vollendet ist, beginnt die allgemeine Zecherei. Die anwesenden Gäste setzen sich in Gruppen um einen Schlauch und werden von einem Anverwandten des Wirthes bewirthet. Man zecht, singt, schreit, lacht, bis die meisten der Anwesenden sich bis zur vollen Bewusstlosigkeit betrunken haben, und gleich hier an dem Platze, wo sie betrunken zusammengesunken sind, bis zum Morgen liegen bleiben und ihren Rausch ausschlafen. Das Sichbetrinken wird nicht als Schande angerechnet, sondern als etwas ganz Natürliches angesehen. Uebrigen muss erwähnt werden, dass die Frauen Maass halten und die betrunkenen Männer, wenn sie bewusstlos umgesunken sind, in eine bequeme Lage rücken und warm zudecken. Es ist das Pflichtgefühl gegen die Kinder, das den Frauen nicht erlaubt, sich so sinnlos zu betrinken.

Es muss hier erwähnt werden, dass nicht alle Schamanen in gleicher Weise die Beschwörungen ausführen. Bei den verschiedenen Geschlechtern (sök) finden sehr verschiedene Ceremonien statt, noch mehr liegt in der grösseren und geringeren Kenntniss und Geschicklichkeit der Schamanen. Im Allgemeinen kann man aber sagen, dass alle Opferfeierlichkeiten in ähnlicher Weise vor sich gehen, wie die hier eben beschriebene. Einige Schamanen schliessen während des Schamanisirens die Augen, andere schamanisiren mit offenen Augen. Einige tanzen so wild, dass sie zuletzt wie todt zusammensinken, andere gerathen in eine so heftige Extase, dass man sie zuletzt festhalten und festbinden muss, was nur mit äusserster Kraftanstrengung mehreren Männern gelingt. Dann zittert und zuckt der gefesselte Schaman oft noch eine lange Zeit lang und sucht sich loszuwinden, bis ihm die Trommel entfällt und er dann wohl stundenlang wie todt daliegt. Andere Schamanen sind viel ruhiger und hören von selbst mit dem Schamanisiren auf.

Ebenso ist die Beschwörung je nach dem Geiste, dem das Opfer dargebracht wird, eine etwas abweichende. Am meisten weicht das dem Erlik dargebrachte Opfer ab, doch habe ich über diese Opferbringung keinerlei genauere Nachrichten einziehen können. Dies ist auch selbstverständlich, hier ist die Furcht vor Strafe zu gross.

Die höchste Kunst der Schamanen ist die sogenannte Reinigung der Jurte. Diese geschieht am vierzigsten Tage nach dem Tode eines Familiengliedes. Nur wenige Schamanen vermögen diese Beschwörung immer glücklich auszuführen, und deshalb werden von reichen Leuten zu dieser Beschwörung oft von fern her weitberühmte Schamanen herbeigerufen und für ihre Mühe reichlich vergütigt. Die Reinigung der Jurte wird gewöhnlich unter besonderer Hülfeleistung des Jajyk Kan ausgeführt und ihm für diese Hülfe auch Opfer dargebracht. Die Reinigung der Jurte ist besonders dann wichtig, wenn mehrere Todesfälle hintereinander in einer Familie eingetreten sind. Nach dem Glauben der Altajer nämlich verweilt die Seele des Todten gern noch einige Zeit im Hause und verlässt dasselbe unwillig allein, sondern entführt oft mit sich noch andere Glieder der Familie oder Hausgenossen oder wenigstens Vieh in's Todtenreich; Jajyk Kan vermag nun am besten durch Herbeitreiben von Wasserfluthen die Rückgabe der schon zum Theil entführten Seelen zu erzwingen und die Seele des Todten selbst in die Unterwelt zu treiben.

Dieser Glaube von dem schädlichen Einfluss der Seele des Gestorbenen liegt zum Theil in dem festen Familienverhältnisse zwischen Todten und lebenden Verwandten, welches man als

Grundlage des Schamanenglaubens erkennen kann, andererseits ist er durch die häufigen Seuchen entstanden, welche unter den jeder ärztlichen Hülfe entbehrenden Altajern oft furchtbar verheerend wirken. Im Juli 1860 hatte ich Gelegenheit, selbst einer solchen Reinigung des Hauses beizuwohnen, welche am Kengi-See, wo auch ich mich damals aufhielt, stattfand. Als ich mich etwas nach Sonnenuntergang in der Jurte, wo die Feierlichkeit stattfinden sollte, einfand, waren etwa 20 Personen versammelt, Verwandte und Nachbarn, wie man mir sagte, die der Feierlichkeit beiwohnen sollten. Der Wirth, Namens Popoi, begrüsste mich sehr freundlich und wies mir einen Platz an der Ehrenstelle dicht bei der Jurtenwand an. Er erklärte mir, seine Frau sei vor einigen Wochen gestorben und nun habe er einen bewährten Schamanen von der Katunja hergerufen, der solle ihm sein Haus reinigen. Die anwesenden Altajer zeigten, so viel ich beobachten konnte, wenig Andacht, plauderten vielmehr und rauchten harmlos, als ob gar keine besondere Feierlichkeit bevorstände.

Als es dunkel zu werden anfing, tönten in einiger Entfernung von der Jurte die dumpfen Schläge der Schamanentrommel. Ich trat an die Thür der Jurte und sah, wie der Schaman in gemessenem Schritte etwa hundert Schritte von der Jurte seine gleichmässige eintönige Singweise hervorstossend, die Jurte umkreiste und von Zeit zu Zeit stark gegen die Trommel schlug. Allmählich wurde der Kreis des Schamanen immer enger und enger, bis er endlich dicht an der äusseren Seite der Jurtenwand entlang schritt und zuletzt durch die Thür in die von dem hellbrennenden Feuer erleuchtete Jurte trat. Jetzt näherte er sich dem Feuer, hielt die Trommel nach allen Richtungen über dasselbe, so dass der Rauch die Innen- und Aussenseite des Felles der Schamanentrommel bestrich. Dann setzte er sich feierlich zwischen Thür und Feuer nieder und begann einen eintönigen schnarrenden Gesang, der in kurzen abgebrochenen Tönen hervorgestossen wurde. Der Gesang wurde immer leiser und leiser und die von Zeit zu Zeit gegen die Trommel geführten Schläge wurden immer sanfter, bis zuletzt der Gesang in ein leises wimmerndes Klagen und Flüstern überging. Darauf erhob sich der Schaman vorsichtig und schritt mit schleichendem Gange in der Jurte rund um das Feuer, rief den

Namen der Verstorbenen und wandte den Kopf nach allen Seiten, gleichsam als ob er die Gerufene im Hause suche. Zuweilen sprach er mit Fistelstimme, indem er die Stimme der Verstorbenen nachahmte, die ihn wimmernd anflehte, sie bei den Ihrigen zu lassen. Sie fürchte sich vor dem Wege, der sei so endlos weit, dass sie ihn nicht allein zurücklegen könne. Sie möchte so gern hier bei den Kindern verbleiben. Unbarmherzig drängt sie der Schaman durch die Macht seiner Trommel, die er ja vor dem Eintritte in die Jurte mit vielen und mächtigen Geistern gefüllt hat, von einer Ecke der Jurte in die andere. Erst nach langem Suchen und Drängen gelingt es ihm, die Seele der Verstorbenen zwischen Trommel und Orbu zu fassen und sie dann mit der Trommel gegen die Erde zu drücken. Sein Gesang tönt jetzt immer lauter und heftiger, wird aber noch immer von dem leisen Wimmern der Festgehaltenen unterbrochen.

Jetzt kehrt der Schaman die Zaubertrommel mit der Vorderseite zur Erde und schlägt so, dass die Schläge dumpf und hohl tönen, als ob sie tief aus der Erde hervordrängen. Auch der Gesang wird immer dumpfer und nimmt zuletzt einen gurgelnden Ton an, denn der Schaman entfernt sich von der Jurte und hat den Weg zur Unterwelt, zum Reiche der Todten (üsüttär järinä) angetreten. Zugleich wird der Gesang immer leiser und geht zuletzt in ein leises Geflüster über. Mit einem heftigen Schlage zeigt er endlich seine Ankunft beim Todtenreiche an. Nunmehr beginnt eine Unterredung mit den im Todtenreiche sich befindenden früher verstorbenen Verwandten, zu denen der Schaman die Todte bringt. Sie verweigern die Aufnahme der neuen Seele. Der Schaman sucht sie zu überreden, bittet und fleht. Alles vergebens. Da ergreift er die Branntweinflasche und credenzt den Todten das Lebenswasser. Sie nehmen es freudig an, es entsteht ein buntes Gewirr von allerlei Stimmen, die allmählich einen mehr und mehr lallenden Ton annehmen, da der Branntwein wirkt. Die Todten singen und jauchzen und daher gelingt es ihm endlich, die neue Seele bei ihnen einzuschmuggeln. Jetzt wird der Gesang des Schamanen immer stärker, da er das Todtenreich verlassen hat und sich nun der Oberwelt wieder nähert. Oben angelangt, springt er plötzlich auf und geräth in heftige Verzückungen. Der Gesang geht zuletzt in ein wildes Schreien über, dabei tanzt der Schaman in wilden Sprüngen zu der Jurte umher, bis er zuletzt in Schweiss gebadet bewusstlos zur Erde sinkt.

Die wilde Scene hatte bei der magischen Beleuchtung des Feuers auf mich einen so mächtigen Eindruck gemacht, dass ich eine Zeitlang den Schamanen mit den Augen verfolgte und ganz und gar die Umgebung vergass. Auch die Altajer waren von der wilden Scene erschüttert, ihre Pfeifen waren zur Erde gesunken und es herrschte wohl eine Viertelstunde eine lautlose Stille.

Auch die Scene im Todtenlande wird von verschiedenen Schamanen und bei verschiedenen Umständen ungleichartig vorgestellt. Manchmal gelingt es nicht, den Todten einzuschmuggeln, manchmal aber entflieht die Seele dem Schamanen und kehrt zur Jurte zurück, dann folgt er ihr und die Scene beginnt von Neuem. Wenn der Schaman den Jajyk Kan zu Hülfe ruft, so wird die lustige Zechscene im Todtenreiche plötzlich durch das Andringen von Wogen unterbrochen. Da beginnt ein allgemeiner Wirrwarr, ein wildes Durcheinanderlaufen. Der Schaman ahmt das Brausen des andringenden Wassers nach. Die Todten schreien um Hülfe, jammern und weinen. Nun wird das schon von den Todten fortgetriebene Vieh oder die Seele von Verwandten zur Heimath zurückgetrieben. Manche Schamanen sollen bei der Ausführung dieser Beschwörung ihr Gesicht mit Russ beschmieren, damit sie in der Unterwelt von den Todten nicht erkannt werden.

Das Darbringen des Opfers und das Reinigen des Hauses sind die eigentlichen priesterlichen Handlungen (wenn ich mich so ausdrücken darf) des Schamanen. Bei ihnen hat er seine ganze Kunst zu entwickeln, und der ist der rechte Schaman, der es versteht die Furcht und das Vertrauen seiner Zuhörer zu wecken, so dass sie glauben, dass die Voraussagungen des Schamanen wahre Orakelsprüche seien, durch die sie die Götter zu trösten und zu erheben suchen. Andere Thätigkeiten des Schamanen sind ohne Bedeutung. Segens- und Danksprüche kann auch jeder andere Sterbliche darbringen, ebenso die Libationen dem Jer-su reichen. Wettermachen, Wahrsagen u. s. w. thut ebenfalls der Schaman nicht allein. An den stattfindenden Geburts-, Verheirathungs- und Todes-Feierlichkeiten hat der Schaman keinerlei Antheil, nur wenn ungünstige Constellationen diese Begebenheiten begleiten und man diese durch eine Beschwörung auszugleichen versuchen möchte, wird er berufen und thut dann einen Theil dessen, was wir vorher als Schamanisiren geschildert haben.

Es drängt sich uns nun die Frage auf: Ist das Verfahren der Schamanen ein aufrichtiges, sind sie von ihrer Beschwörungskraft überzeugt, oder ist es nur eine vom Schamanen seines eigenen Vortheils wegen vor dem abergläubischen Volke gespielte Komödie?

Die längst getauften und erst kürzlich zum Christenthum übergegangenen Altajer, Teleuten u. s. w. wie auch die Russen halten den Schamanen für einen wahren Teufelsdiener, der in der That durch seine Beschwörungen Uebernatürliches zu leisten vermag. Dies zeigen uns eine ganze Reihe von Geschichten, die russische Bauern und getaufte Altajer von berühmten Schamanen erzählen. Wie der Schaman gegen körperlichen Schmerz unempfindlich sei, und was er Schreckliches mit seinem Körper anfange (z. B. glühendes Eisen in den Mund stecke, dass es zischt) ohne den geringsten Schaden davon zu haben. Wir sehen also hier, wie gerade der offenbare Schwindel den grössten Eindruck macht. Dasselbe können wir daraus schliessen, dass nicht lange getaufte, wie ich mich überzeugt, wirklich aus Ueberzeugung zum Christenthum übergegangene Altajer im Falle von Krankheiten immer noch Nachts heimlich den Schamanen rufen, damit er durch seine Teufelskraft das Unglück abwende, und dass der Glaube an die Teufelskraft des Beschwörers neben dem Glauben an die Gotteskraft des Christenthums unbeschadet fortbesteht.

So schreibt mir auch Tschivalkoff in seiner Lebensbeschreibung (siehe meine Proben der Volkslitteratur, Band I): Ich sagte zu den Schor: „Glaubet nicht an die Worte des Schamanen, das sind alles Lügenworte. Die Schamanen selbst kennen den Glauben des wahren Gottes nicht, sondern glauben an den Teufel und schamanisiren mit seiner Hülfe". Auch der Missionar Werbitzki drückt sich in seiner vorhererwähnten Abhandlung in den „Tomsker Nachrichten" folgendermassen aus: „Ist das Wesen des Schamanen eine Krankheit, eine Verrücktheit oder eine Spiegelfechterei? Keines von allen. Die guten Engel werden den Menschen zum Schutze und Segen vom höchsten Herrscher des Himmels geschickt; was thun aber die bösen Geister? Da sie körperlose und vernünftige Wesen sind, können sie natürlich nicht in voller Unthätigkeit verbleiben. Weil man an ihnen unbedingt ein Streben nach Thätigkeit voraussetzen muss, so ist selbstverständlich dieses Streben auf das Böse gerichtet. Auf wen nun suchen sie in ihrer Bosheit zu wirken? Die materielle Natur verhält sich ihrem Streben gegenüber gefühllos, daher ist die einzige Arena für ihre feindliche Handlungsweise das Menschengeschlecht. Sie leben in der Welt zwischen den Leuten wie der Löwe in der Wüste, und wie Räuber versuchen sie den Menschen überall zu schaden und nachzustellen. Der unmittelbare Angriff tritt in unseren Gedanken, Wünschen und Handlungen zu Tage. Wenn wir wachsam sind, so kämpfen wir mit ihnen und verdrängen sie durch die Hülfe Gottes und die Gewalt des Kreuzes. Wodurch kann sie aber der ungetaufte Mensch, der sich als solcher ganz unter ihrer Gewalt befindet, von sich entfernen?" An einer anderen Stelle sagt derselbe Missionar: „Es giebt Beispiele, dass die Kosaken einen verzückten Schamanen nicht durch Knutenhiebe aus seiner Extase zu bringen vermochten, andererseits giebt es Beispiele (ich spreche aus eigener Erfahrung), dass der priesterliche Segen ganz allein hinreichte, dass dem in Extase gerathenen Schamanen augenblicklich die Trommel aus der Hand fiel." Ich konnte mir nicht versagen die Ansicht des geehrten Missionars hier wörtlich in ihrem ganzen Umfange anzuführen, nicht um sie zu widerlegen, sondern da sie uns am deutlichsten zeigt, wie sich hier Christenthum und Heidenthum gegenüberstehen und unter welchen Auspicien hier das Christenthum wirkt. Der Missionar philosophirt ganz richtig, wenn er als solcher die frühere Religion der Neugetauften als ein Teufelswerk, als einen Ausfluss böser Geister darstellt, denn dadurch stellt er das von ihm selbst gepredigte Kreuz in ein schärferes Licht und zeigt am klarsten die Vortheile des Religionswechsels. Es macht aber einen wahrhaft komischen Eindruck, wenn der Herr Missionar diese Tirade am Schlusse seiner Darlegung der Opferbeschwörung des Schamanen, die an Ülgön, den höchsten Gott des Himmels, gerichtet ist, vorbringt, wo der Schaman sich demuthsvoll vor der Gottheit verneigt und ihre Gnade und milde Huld erfleht, um Schutz bittet gegen die bösen Geister, nachdem er vor Beginn der Ceremonie den „Thürhüter-Geist" angefleht hat, er möchte die bösen Geister ferne von der Jurte halten, damit sie ihn nicht in seinen Ceremonien stören und einen unglücklichen Ausgang des Opfers veranlassen. Da kann man nur mit Schiller's Jungfrau von Orleans sagen: „Du nennst mich Zauberin, giebst mir Künste der Hölle Schuld; ist Friedenstiften Hass, Versöhnen ein Geschäft der Hölle?"

Ich glaube, jeder Leser wird sich nach Durchlesung der Beschwörungsformeln beim Opfergebete überzeugt haben, dass die armen Schamanen lange nicht so schlimm sind wie ihr Ruf. Sie sind die Träger der ethischen Idee ihres Volkes, in ihren Gebeten spiegelt sich dieselbe Furcht vor den bösen Mächten ab, dieselbe Hoffnung auf Hülfe der Gottheit des Lichtes, die das Volk bewegt, und zwar in derselben materiellen, wenn ich so sagen darf, ungeistigen Weise. In den Handlungen der Schamanen sind Wahrheit und Dichtung eng gepaart und untrennbar zu einem Ganzen verschmolzen, ebenso wie bei vielen Priestern anderer Religionen. Innerlich ist der Schaman gewiss von der Wahrheit seiner Darstellung überzeugt, er geräth gewiss in wahre Verzückung und dem Wahnsinn nahe Hallucinationen mögen ihn häufig in einen Zustand vollkommener Bewusstlosigkeit versetzen. Damit will ich nicht gesagt haben, dass er nur in diesem Zustande schamanisire, häufig genug sagt er gewiss seine ihm bekannten Formeln her, eben nur, um sein Gewerbe auszuüben, und nicht selten mag er auch durch seine Wahrsagungen sich ein baldiges fettes Opfermahl im Zustande vollkommener Ueberlegung und mit voller, vorbedachter Absicht zu verschaffen suchen. Das hindert ihn aber keineswegs, an die Wahrheit seiner Ceremonien zu glauben, er ist eben ein Kind der rohen Natur, das hauptsächlich nur von äusseren Eindrücken geleitet wird. Uebrigens glaube ich nicht, dass die Schamanen viel schlechter sind als die Priester anderer Religionen. Gewiss giebt es auch nicht wenige christliche Priester, die die hoch erhabenen Worte des Evangeliums wie leere Formeln, ohne irgend welchen Inhalt herplappern, fromme Worte im Munde führen und die vorgeschriebenen Ceremonien ihrer Kirche verrichten um des eigenen Vortheils willen und nicht aus innerer Glaubensüberzeugung. Dass das Schamanenthum niedriger steht als die es umgebenden und gleichsam einengenden grossen drei Religionsgemeinschaften, das Christenthum, der Mohammedanismus und der Buddhismus, dagegen wird Niemand streiten, dass es aber auch gewisse ethische Bestrebungen fördert und enthält, ist nicht weniger wahr.

Der Einfluss des Buddhismuss hat zum grössten Theil den alten Schamanenglauben bei den Sojonen verdrängt; den Grad der Einwirkung und der Verminderung, welche dieses Eindringen des Buddhismus bewirkt hat, festzustellen, bin ich nicht im Stande, da es mir an Material fehlt, um genauere Schlüsse zu ziehen. Weit grösseren Einfluss hat auf die Türk-Völker der Mohammedanismus gehabt und ihm ist es, wie ich schon oben erwähnt, zum grössten Theil gelungen, den Schamanismus vollständig auszurotten, trotzdem finden wir bei einzelnen Stämmen der türkischen Nomaden noch deutliche Spuren der früheren Religion. Nähere Angaben vermag ich in dieser Beziehung nur über die Kasak-Kirgisen zu machen.

Bei den Kirgisen giebt es noch viele Gebräuche, die sehr deutlich als Spuren des früheren Schamanenglaubens angesehen werden können. Alle diese heidnischen Gebräuche hier zu erörtern, würde mich zu weit führen; es möge genügen, hier der Baksa oder Wunderdoctoren zu erwähnen, die offenbar die Schamanen selbst sind, welche durch die Mulla's von ihrem Standpunkt der religiösen Führung des Volkes herabgestossen sind und nur noch als Charlatane, Wunderdoctoren, Wahrsager beim Volke ein gewisses Ansehen geniessen. Nicht uninteressant wird es sein, zu beobachten, welche Veränderung mit den Schamanengebeten unter dem Drucke der mohammedanischen Glaubenslehre vor sich gegangen ist.

Der Baksa unterscheidet sich schon in seinem Aeusseren von einem rechtgläubigen Mohammedaner, d. h. von dem jetzt allgemein üblichen Aeusseren der Kirgisen. Während die letzteren ihr Haupthaar gewöhnlich sehr glatt abscheeren, tragen die Baksa nur die Mitte des Kopfes abrasirt, lassen aber die Haare auf der Seite des Kopfes etwa fünf Finger breit über den Schläfen und den Ohren stehen und etwa 3—4 Zoll herabhängen. Eine solche heidnische Haartracht ist fanatischen Mohammedanern ein wahrer Gräuel; ich habe selbst gesehen, wie sich tatarische Kaufleute von einem Baksa mit Abscheu abwendeten und entsetzt ausspieen.

In der Kleidung unterscheidet sich der Baksa nur dadurch, dass er ein etwas höheres Käpsel als die übrigen trägt und ausserdem noch einen Federbüschel an demselben befestigt. Anstatt der Schamanentrommel wendet der Baksa eine Art Geige oder vielmehr Violoncell an, das etwa $3-4^{1}/_{2}$ Fuss hoch ist und Kobus genannt wird. Diesen Kobus stellt der Baksa vor sich, wie unsere Musikanten das Violoncell, und streicht auf ihm mit einem dem Bassgeigen-Bogen ähnlichen Bogen. Auf dem Kobus sind zwei Saiten aus gedrehten Pferdehaaren ausgespannt und an dem Griffe eine Menge Eisenklappern befestigt, die, wenn der Spieler die Geige bewegt, ein rasselndes Geräusch verursachen. Ausserdem hat der Baksa einen Stab (assa), an dessen oberem Ende ein viereckiges Brettchen angebracht ist, an dem mehrere Glöckchen und Eisenstücke hängen. Der Mann beginnt seinen Hokuspokus (bei den Kirgisen hat die Beschwörung des Baksa keine andere Bedeutung) mit einem Spiel auf dem Kobus, das er mit einem eintönigen Gesange begleitet. Dann ergreift er den Stab und schwingt ihn unter einem wilden Tanze, wodurch er ein schreckliches Geräusch verursacht. Oft führen zwei Baksa die Beschwörung aus, dann spielt einer den Kobus und der andere springt und tanzt mit dem Stabe. Noch andere Baksa giebt es, die ohne alle Instrumente ihre Beschwörungen ausführen. Während der Beschwörung geräth der Gaukler gerade ebenso in Verzückung wie der Schaman, so dass auch er von mehreren Menschen festgehalten werden muss, damit er kein Unheil anrichte. Ja, da der Baksa-Glaube in der Volksethik keine Stütze mehr findet, so scheint es, dass der Baksa noch mehr durch das Furchterregende seiner Erscheinung wirken muss, als der Schaman. Er macht daher die grässlichsten Sprünge, rollt schrecklich mit den Augen, fletscht die Zähne, zuckt und schlägt um sich wie ein Wahnsinniger. In Extase vollbringt er schauerliche Kunststücke, von denen die Kirgisen nur mit Entsetzen zu reden vermögen. Man erzählte mir überall, dass die Baksa glühendes Eisen anfassen, grosse Nadeln sich zolltief in's Fleisch stossen, an glühendem Eisen lecken, auf glühendes Eisen mit blossen Füssen treten, so dass es zischt, wie wenn man Wasser auf das Eisen giesst. Die schrecklichen Sprünge und die Grimassen des Baksa habe ich selbst mit angesehen, die anderen Kunststücke weigerte sich derselbe auf mein Verlangen zu machen; dies könne er nur dann, wenn er wahrhaft vom Geiste berückt sei. Gewiss sind die obenerwähnten Handlungen des Baksa Taschenspielerkunststücke, mit denen er die Zuschauer täuscht. Dabei soll ein Baksa jedesmal, wenn er etwas Entsetzliches ausführt, mit lauter Stimme ausrufen: „Schaut nicht her! schaut nicht her! Der Geist berückt euch die Augen!" Selbstverständlich blicken die Zuschauer nur mit halbem Auge hin und sehen von Furcht erfüllt vielleicht mehr als wirklich vor sich gegangen.

So kann ich mir nur die Erzählungen sonst glaubwürdiger Leute erklären. Aus allen Mittheilungen derselben wurde mir aber das Eine klar, dass die Kirgisen den Baksa desto mehr achten und desto reicher belohnen, je öfter er ihnen grausige Kunststücke vormacht.

Ist ein Kirgise erkrankt, so dass man für sein Leben fürchtet, und hat die Heilkunst der alten Weiber nicht geholfen, so lässt man einen Baksa rufen (d. h. solche Leute rufen den Baksa, die keine mohammedanische Bildung erhalten haben, diese letzteren lassen den Mulla rufen und Gebete lesen). Der Baksa befühlt zuerst den Puls des Kranken, wobei er allerlei unverständliche Worte hervorstösst. Dann setzt er sich mit dem Kobus hin und spielt dem Kranken mehrere Melodien vor, die er mit dem Rasseln des Kobus begleitet und zu dem er mit halber Stimme seine Lieder singt. Darauf nimmt er die Kumalak (Schafmistkörner) und weissagt mit diesen die Ursache der Krankheit und was für ein Opfer nöthig ist, um die Krankheit zu heben.

Das Opferthier wird von ihm genau bezeichnet, d. h. die Farbe und eine Reihe von Merkmalen angegeben, an denen man das Schaf erkennen kann. Als Beweis der Wahrheit der Weissagungen des Baksa wurde mir erzählt, dass sich meist ein so genau bezeichnetes Schaf in der Heerde des Wirthes oder doch wenigstens bei einem Nachbarn finde. Ich ersehe daraus weiter nichts, als dass der Baksa gewiss vor dem Weissagen die Heerde des Kranken besucht hat oder durch einen anderen Helfershelfer hat besichtigen lassen. Eines der gewöhnlichsten Merkmale ist nämlich, dass das Schaf gross und fett sei.

Dasselbe wird nun gemäss mohammedanischer Vorschrift ohne weitere Ceremonien des Baksa geschlachtet, das Fleisch zerschnitten und in den Kessel gethan und die Nachbarn zum Mahle eingeladen. Sobald das Schaf geschlachtet ist, reisst der Baksa selbst unter Murmeln von Beschwörungsformeln die Lunge aus dem Thiere, begiebt sich eilig zum Kranken und schlägt ihn dreimal mit der noch warmen Lunge. Dann nimmt er die letztere, in die die Krankheit übergegangen sein soll, und wirft sie den Hunden vor und sieht zu, dass sie bis auf das letzte Stück verzehrt wird.

Alsdann ergreift er seinen Assa und führt mit ihm einen wilden Tanz aus, bei dem er in die höchste Extase geräth. Nachdem die Baksa-Beschwörung beendigt, setzt man sich zum Mahle,

an dem alle, ausser dem Kranken, theilnehmen. Als Lohn für
seinen Dienst erhält der Baksa die besten Stücke beim Mahle
und ausserdem noch das Fell des Opferthieres. Reiche Leute
geben dem Baksa noch andere Geschenke, ein Schaf oder einen
Rock aus Durja. Nach dem Mahle macht der Baksa gewöhnlich Mittheilungen darüber, was er vom Geiste (dem Dshin)
erfahren habe, jedoch sind diese Aussagen nie klar und bestimmt, wie z. B.: wenn das Wetter sich in acht Tagen ändert,
wird der Kranke gesund, sonst muss er sterben; oder: wenn der
Kranke in so und so viel Tagen nicht stirbt, so wird er gesund.
Bis zu der bestimmten Zeit bleibt der Baksa an der Seite des
Kranken und hält täglich Gesänge und Tänze mit Beschwörungen
ab. Die Kunststücke mit Messern oder glühendem Eisen wiederholt der Baksa fast bei jeder Beschwörung und sollen die
körperlichen Qualen des Beschwörers jedesmal einen kleinen
Theil der Krankheit heben, indem er in seiner Verzückung den
Schmerz des Kranken auf sich nimmt. Die Knochen des geopferten Schafes werden sauber gereinigt, auf den Schädel malt
dann der Baksa allerlei Figuren, darauf formt derselbe aus
Teig allerlei Thiere: Kameele, Pferde, Rinder, Schafe und
Ziegen, und thut die Knochen und alle diese Nachbildungen in
einen Sack, nachdem er sie mit bunten Fäden umwickelt hat.
Den Sack aber trägt er selbst an einen öden Ort und vergräbt
ihn unter allerlei Ceremonien. Niemand darf diesen Ort kennen,
denn wenn die Knochen wieder zu Tage kommen sollten, so
wäre dies ein furchtbares Unglück für den Opferer.

Zu bemerken ist noch, dass man mir erzählt hat, der Baksa
liebe nicht bei schweren Kranken zu erscheinen, aber er führe
gern seine Beschwörungen und Heilkuren bei leichten Kranken
aus. Manchmal soll er sogar dem Kranken erklären, hier könne
seine Beschwörung nicht helfen. Wird der Kranke zur festgesetzten Zeit gesund, so erhält der Baksa ein ansehnliches
Geschenk.

Die Baksafähigkeit ist, wie die Schamanenkraft, auch in
der Familie erblich; es muss aber jeder angehende Baksa von
einem erfahrenen Mitgliede der Zunft unterrichtet werden und
erst nach längerem Zusammenleben ertheilt der Lehrmeister dem
Schüler seinen Segen; darauf beginnt dieser seine selbständige
Thätigkeit als Baksa. Während der Lehrzeit begleitet der Schüler den Lehrer zu den Beschwörungen, ist ihm behülflich und

übernimmt selbst einen Theil des Gesanges oder Rasselns mit dem Assa. Wenn zwei Baksa zusammenwirken, so ist immer der eine der Lehrer und der andere der Schüler. Ein grosser Theil der Kirgisen hält die Baksa für Schwindler und Charlatane; die meisten Kirgisen glauben aber, dass sie von bösen Geistern besessen seien und dass sie durch die Kraft der in ihnen wohnenden Geister alle die gesagten Wunder thun. Auf mich machten die Baksa, die ich gesehen, den Eindruck von Charlatanen und Taschenspielern, die durch Kunststücke dem Volke die Augen blenden. Ihr Gang und ihre Spielweise hatten etwas Affectirtes, Unnatürliches; jedenfalls wollen sie mehr scheinen als sie sind und spielen auch den Baksa bei allen ihren gewöhnlichen Verrichtungen. Einer der Baksa, die ich gesehen, führte stets fromme Redensarten; bei jeder Handlung, die er unternahm, wie Trinken, Niedersetzen u. s. w., seufzte er ein lautes „Bismillah!" („Im Namen Gottes!") vor sich hin, und jeder Rede, die er that, fügte er ein „Wallahi, Billahi!" („Bei Gott!") hinzu, was bei den Kirgisen nur einige ganz alte Leute zu thun pflegen. Vielleicht wollte er durch diese Redensarten sich als echter Muselman beglaubigen. Mancher Baksa soll immer einen geistig Gestörten nachahmen und stets Grimassen schneiden, als ob er, wenn er auch nicht die Beschwörung ausführt, von bösen Geistern besessen sei.

In der Kulunda gelang es mir, einen Baksagesang aufzuschreiben. Da er aber zum grössten Theil ein buntes Gemisch von unverständlichen Andeutungen ist, so will ich ihn hier nur theilweise und im Auszuge mittheilen. Der Gesang beginnt mit der mohammedanischen Anrufung Gottes, Mohammeds und der Propheten. Durch die Anrufung documentirt sich also der Baksa als ein echter Muselman, was für ihn sehr wichtig ist. Er mag als Besessener gelten, das schadet ihm nichts, nur darf er sich nicht als Ungläubiger (kapyr) erweisen.

Dich, Gott, fleh' zuerst ich an,
Hilf uns, die wir zu dir beten.
Gieb du die gebet'ne Bitte!
Gebe du dem Weibe Kinder!
Guter Gott, du gabenreicher!
Der zuerst erschuf den Himmel,
Dann die Erde hat erschaffen,
Dich, Gott, bet vor Allen an ich,
Dann bet' ich zu Mohammed;

Jenem sind wir Diener, Sclaven,
Diesem gläubige Genossen,
Dann das Dritt' ist Gott der Himmel
Und das Vierte die Chalifen,
Dann die achtundachtzig Scheiche,
Dann die hundertzwanzig Tausend,
Der Propheten grosse Menge,
All' die Heiligen von Mekka
Und die Heil'gen von Medina.

An dieses Gebet schliesst sich die Anrufung einer Anzahl von Heiligen, die an den Jersu der Altajer, die siebzehn Kame der Berge und Flüsse erinnern, die der Schaman in seine Trommel ruft, ehe er die Beschwörung beginnt.

Tschyngys Kan, du Heiliger!
Auf dem rothen Bergesgipfel,
Ihr, die Mädchen-Heiligen!
Auf des Ochsenberges Gipfel,
Ihr, die Ochsen-Heiligen!
Auf des Widderberges Gipfel,
Ihr, die kahlköpfigen Heiligen!
Auf dem Berg des Elennthieres,
Auch der Drache, der hervorkam
Aus des Berges düsterm Innern,
Bek Asyt, des Bekpän Vater,
Der nicht todt, nenn' ich ihn todt auch,
Lebend nicht, nenn' ich ihn lebend.

Darauf rief der Baksa die Vorfahren der Kirgisen-Geschlechter der mittleren Horde an und zwar den Stamm Argyn, zu dem er selber gehörte. (Wir sehen also hier auch Spuren der alten Vorfahren-Verehrung, die das wahre Schamanenthum charakterisirt.)

Er, Köktschö, der Uwak Vorfahr!
Dessen Heldenkraft bekannt uns,
Viele schoss er mit dem Bogen,
Tausende mit seiner Flinte.
Kara-Koscha, Argyn's Vater!
Abylai, der Horde Fürst,
Tödtete einst Kasy-Bek;
Er, der barfüssige Asis,
Er hat sich dem Herrn ergeben,
Tor-Aigyr, mit den vier Söhnen,
Turdu Bek, es war sein Onkel,
Meiner Mutter Vater ist er,
Tungkat von dem Dschagalbai-Stamm.

Ebenso ruft er den Kuban-Bai an, den Vorfahren der Kara Kesäk; den Kendy-Bai, den Vorfahren der Kara Keräi; den Schöin Kara, den Vorfahren des Stammes Tas; Kent Buga, vom Stamme Tersten Bala; Burlubai, den Vorfahren des Stammes Bassentin. Jetzt wendet sich der Baksa an die Geister, die ihm bei seiner Heilmethode helfen sollen.

> Ganz zuerst schuf Gott die Geister,
> Schuf sie besser als die Andern,
> Kent Buga, den Geister-Vorfahr,
> Sar' Asban, den Geister-Vater,
> (Quäle mich nicht, Sar' Asban!)
> Berdi-Bai, den Geister-Vater;
> Ärkäü ist der Geister Schlachtruf,
> Hab' in' Himmel fünf der Geister,
> Schneiden mich mit vierzig Messern,
> Stechen mich mit vierzig Nadeln,
> Und sie liessen mir am Scheitel
> Einen langen Haarzopf wachsen!
> Unterwarfen mich dem Dämon,
> Lehrten mich das Ungewohnte,
> Banden fest mich an den Kobus,
> Hiessen mich den Segen sprechen,
> Opferschaf mit gelben Köpfen
> Liessen schlachten sie im Hause,
> Fest im Körper setzten sie sich,
> Drehten mir im Krampf die Glieder.

Nach einem mir unverständlichen Anrufe an die zehn Kosha der Niederung und die vierzig Kosha der Höhe mit ihrem Chef Kasrät Kosha, der die Todten lebendig macht und dem Vieh und den Menschen den Samen giebt, fährt er in der Beschwörung fort:

> Meine Rechte dreh' im Kreis ich,
> Frage meine linke Hand,
> Im Gebet den Kopf gestützt,
> Kämmend mir das Haar zur Sonne,
> Kenne nicht des Vaters Einfluss,
> Hab' nicht Muttermilch gesogen.
> Mit dem Winde sieben Hasen,
> Sie mit Zaubermitteln bindend,
> Habe ich hierher getrieben.
> Bin gedrückt von sieben Hacken,
> Eingetaucht in sieben Kessel.
> Geister rief ich vom Kambar,
> Die da in der Ferne leben,
> Einen Gruss der Eisenseele!
> Gieb mir Nachricht Eisenseele!

> Sammle du ein mächtig Heer!
> Stecke auf die Eisenfahne!
> Von der Nied'rung hergelaufen
> Kommen zehn der Wölfe jetzt,
> Unter allen diesen Wölfen
> Ist der blaue mit sechs Rachen;
> Bei des blauen Geistes Volk
> Lebt das Kind des Dshuma-Bai.
> Kosa-Bai, der blaue Eber,
> Ist der böseste der Geister,
> Zieht die Stirnhaut tief in Falten,
> Streitet sich mit allen Geistern,
> Hängtest dich an meine Windeln,
> Fand'st mich auf im elften Jahre.

Unter vielen, ganz unverständlichen Anspielungen, die mir trotz allen meinen Fragen der Baksa nicht erklären konnte oder wollte, erwähnt er noch eine ganze Reihe von Geistern: Bai Kabyl, Koibak, Kämängär Kösümböt, Mängäi-Dshüsöi, mit deren Wiedergabe ich den Leser nicht unnütz ermüden will. Zum Schluss wendet er sich, ganz im Geiste aller kirgisischen Sänger, an die anwesenden Zuhörer mit einer ehrenden Erwähnung des gegenwärtigen Stammführers des Geschlechtes der Argun, des Aga-Sultan des Semipalatinskischen Bezirkes:

> Hier am Wege liegt ein Heer,
> Unter diesen dichten Schaaren
> Ist der Sultan Kara Bek,
> Ist ein Fürst Tiläu Bärdi,
> Argyn's Kasy, meine Sohle,
> Trefflichkeit der Niederung,
> Fürstenkind, du aus der Höhe!

Schon aus diesem Auszuge der mir gewiss unvollständig und ungenau dictirten Baksa-Beschwörung kann man ersehen, dass die Beschwörung des Baksa die religiöse Weltanschauung des Schamanenthums, die Naturreligion, verlassen hat, und da sie jedwede ethische Grundlage verloren, zu einem mystischen, dem Sprecher selbst unverständlichen Complexe von auswendig gelernten Formeln herabgesunken ist. Trotz alledem sind aber noch Spuren aller früheren Elemente des Schamanendienstes verblieben, wie das Anrufen der Erdenhelden, die auf Bergen wohnen, und die Aufzählung der Vorfahren. Der innere Grund dieser Anrufe ist aber vollkommen verloren gegangen.

Dass das Schamanenthum früher bei allen türkischen Völkern verbreitet war, können wir deutlich aus der Verbreitung der türkischen Benennung des Schamanen, dem Worte *Kam*, erkennen. Das älteste Schriftdenkmal der türkischen Literatur, das im Jahre 1069 verfasste uigurische Kudatku Bilik, kennt das Wort *Kam*, und Vambéry giebt es in seiner Ausgabe dieses Werkes durch „Quacksalber, Wahrsager" wieder. Ob diese Bedeutung genau, vermag ich nicht zu bestimmen. Es tritt zwei Mal im Kudatku Bilik auf. An der ersten Stelle heisst es:

> Der Besprecher giebt es viele,
> Die des Windes Krankheit heilen.
> An die musst du, Herr, dich wenden.
> Von der Krankheit helfen Sprüche;
> Soll der *Kam* dir aber nützen,
> Musst du, Herr, ihm alles glauben,
> Seine Worte liebt der Arzt nicht.
> Er entfernt vom *Mukasim* sich.

Mukasim, das hier gleich Kam gesetzte Wort, ist ein arabisches Wort und bedeutet: „derjenige, welcher Schwüre ausstösst". An der zweiten Stelle heisst es: „halte entweder einen Arzt oder halte einen *Kam*". Hier also wiederum der Gegensatz zwischen Ot-tschi (Arzt), d. h. der, welcher Medicin giebt, und *Kam*, der durch Wörter und Beschwörungen heilt.

In seinen dschagataischen Studien führt Vambéry das Wort *Kam* als ein noch heute in Mittelasien gebrauchtes Wort auf und zwar in der Bedeutung: Arzt, Quacksalber, Zauberer, Wunderdoctor; dasselbe thut Pavet de Courteille im Dictionnaire Turc-Orientale. Ebenso finden wir das Wort Kam in dem zweitältesten Sprachdenkmale türkischer Sprache, dem im Jahre 1303 von einem Italiener geschriebenen Wörterverzeichnisse der Sprache der Komanen, d. h. des damals in Südrussland wohnenden Türkstammes, welcher schon im XII. Jahrhundert zum Theil nach Ungarn auswanderte. Dieses Wörterverzeichniss findet sich im Codex Comanicus, der noch jetzt in der Marcus-Bibliothek in Venedig sich befindet. Dort wird auf Seite 9 der Ausgabe des Grafen Kuun „Incantatrix" (Hexe) durch „kam katun kisi dir" übersetzt. Doch dies ist ein Kam-Weib genannter Mensch. Und einige Zeilen vorher „adiuino" = „ich mache eine Beschwörung" durch „kamlik etermen", d. h. „ich mache ein Kam-Geschäft." (Kamlik heisst auch im Altai eine Kam-Beschwörung.)